高等医学院校实验教材

形态学实验教程

主　审　隋玲娟

主　编　宋　斌　许连静

副主编　马永贵　潘　琦

编　委　（按姓名汉语拼音排序）

程　龙　董淑芬　梁　潇　刘丽娇　刘　鹏

刘喜军　罗　辑　罗　爽　马德航　马永贵

潘　琦　宋　斌　王　强　许连静　于会春

北京大学医学出版社

XINGTAIXUE SHIYAN JIAOCIIENG

图书在版编目（CIP）数据

形态学实验教程 / 宋斌，许连静主编．—北京：北京大学医学出版社，2019. 2（2025. 9 重印）
ISBN 978-7-5659-1862-9

Ⅰ．①形… Ⅱ．①宋… ②许… Ⅲ．①人体形态学－实验－医学院校－教材 Ⅳ．① R32-33

中国版本图书馆 CIP 数据核字（2018）第 226380 号

形态学实验教程

主　　编：宋　斌　许连静
出版发行：北京大学医学出版社
地　　址：（100191）北京市海淀区学院路 38 号　北京大学医学部院内
电　　话：发行部 010-82802230；图书邮购 010-82802495
网　　址：http://www.pumpress.com.cn
E-mail：booksale@bjmu.edu.cn
印　　刷：北京瑞达方舟印务有限公司
经　　销：新华书店
责任编辑：陈　奋　张立峰　**责任校对**：靳新强　　**责任印制**：李　啸
开　　本：787 mm × 1092 mm　1/16　　**印张**：10.25　　**字数**：262 千字
版　　次：2019 年 2 月第 1 版　2025 年 9 月第 3 次印刷
书　　号：ISBN 978-7-5659-1862-9
定　　价：32.00 元

前言

形态学是医学基础课程中的重要组成科目，包括人体解剖学、组织学与胚胎学、病理学。人体解剖学是研究正常人体器官的位置、形态及结构的一门科学；组织学是研究正常人体组织、器官微细结构的一门科学；病理学是研究人体组织、器官在疾病状态下形态结构发生的变化及其规律的一门科学。医学生只有掌握基础医学知识，才能为后续临床学科的学习奠定良好基础。

实践教学是基础医学教学中的关键环节，是提高学生动手能力、创新能力和综合素质的重要手段。职业教育旨在培养操作型人才，注重对学生探索精神、科学思维以及实践能力的培养。为此，根据我国医学教育改革的发展趋势，探索适合我国国情的医学职业教育的培养模式，结合我院各专业学生特点及教学特色，在多位专业教师的共同探讨下编写了此实验教程。

本实验教程分为两部分。第一部分为形态学实验基础知识，包括解剖学常用术语、组织学基础知识、解剖学和组织学胚胎学实验内容；第二部分为病理学实验内容。以上内容设置有助于学生巩固所学知识。

本实验教程由铁岭卫生职业学院长期工作在相关理论和实验教学第一线的教师。依据我国高等职业教育的教学宗旨和教学大纲，结合我院教学经验，配合我院实际教学所需编写而成。

此实验教程在使用过程中可根据不同专业特点，从中选择取舍。教材编写得到学院领导及相关人员的大力支持，在此表示感谢！由于编者水平有限，本书若有不妥之处，欢迎使用本书的师生批评指正。

隋玲娟

铁岭卫生职业学院基础医学系主任

2018 年 8 月

目录

实验操作流程简介

解剖学和病理学的形态实验，实验课堂教学分为三步：

1．教师示教：重点标本、模型和大体标本；

2．学生观察，教师辅导、答疑；

3．教学反馈、反思活动。

组织学和病理学的显微实验，实验课堂教学分为三步：

1．教师利用显微镜、切片示教。

2．学生观察切片，教师辅导。

3．完成课堂作业，绘制重点镜下结构。实验绘图要求学生用红蓝铅笔在实验教程相关的位置绘制出细胞、组织的光学显微镜下结构，要求绘制的镜下结构典型、真实、合理，并标明显微镜放大倍数。

通过实验绘图作业，能够加强学生对组织结构的分析认知与理解能力，培养学生镜下识别细胞、组织形态能力。

（马永贵）

第一章

解剖学和组织胚胎学实验教程

第一节　形态学实验基础知识

一、解剖学姿势

解剖学姿势是人为规定的：身体直立；两眼向正前方平视；上肢自然下垂，下肢并拢；掌心、足尖向前。

二、方位术语

见图 a。

（1）上和下：近颅者为上，近足者为下。

（2）前和后（腹侧和背侧）：近身体腹侧面为前，近身体背侧面为后。

（3）内侧和外侧：近正中矢状面为内侧，远离正中矢状面为外侧。

（4）内和外：描述空腔器官时，在腔内或近内腔为内，在腔外为外。

（5）浅和深：以体表为标准，近皮肤表面为浅，远离皮肤表面靠近人体内部为深。

（6）近侧和远侧：对于四肢，近肢体根部为近侧，远离肢体根部为远侧（内尺外桡、内胫外腓）。

三、人体的轴与面

（一）轴

1．垂直轴：从头至足与水平面相垂直的轴。

2．矢状轴：从腹侧至背侧，与水平面平行的轴。

3．冠状轴：左右方向与水平面平行的轴。

（二）面

1．矢状面：前后方向将人体分成左、右两部分，并与水平面垂直的面。

2．冠状面：左右方向将人体分成前、后两部分，并与水平面垂直的面。

3．水平面：将人体分成上、下两部分，并与水平面平行的面。

（宋　斌）

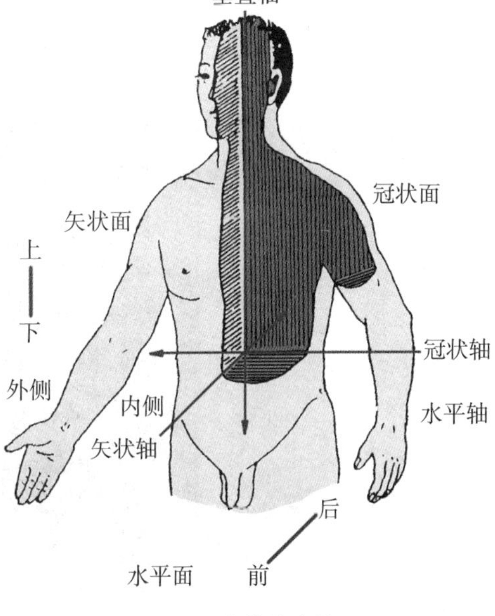

图 a　人体的方位

第二节　组织学基础知识

一、切片的相关知识

（一）切片的制作基本程序

1．取材与固定

2．脱水和包埋

3．切片和染色

4．封片：用盖玻片密封保存。

（二）光镜染色法

1．HE 染色法：是最常用的染色方法，即苏木精 - 伊红染色法，简称 HE 染色法。苏木精染液为碱性，染色后使细胞核内的染色质与胞质内的核糖体呈紫蓝色；伊红为酸性染色剂，染色后使细胞质和细胞外基质中的成分呈粉红色。易于被碱性或酸性染料染色的两种性质分别称为嗜碱性或嗜酸性。

2．特殊染色法：镀银染色法、醛复红染色法、活体染色（如锥虫蓝）等。

二、显微镜相关知识

（一）显微镜的种类

普通光学显微镜、荧光显微镜、激光扫描共聚焦显微镜、电子显微镜等。

（二）普通光学显微镜的基本结构

光学显微镜（图 b）结构上分为光学、照明和机械三大部分，包括观察头、底座和镜臂三个基本结构部件。

1．目镜：在显微镜的顶部，可将组织块放大 10× 倍数。根据人体两眼之间距离的不同，可以调节其间距。

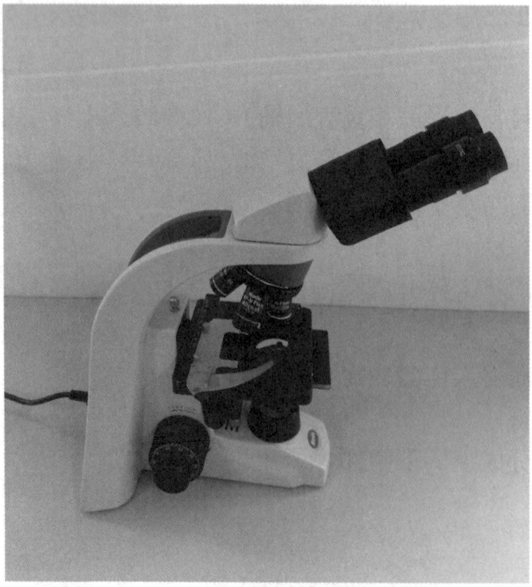

图 b　光学显微镜

2．转换器：旋转转换器，可以选择使用不同倍数的镜头观察组织切片。

3．物镜：通常有四个镜头，分别放大（低倍）4×、（中倍）10×、（高倍）40× 及油镜 100× 倍数。常用中倍和高倍镜。

4．载物台、弹簧夹片与卡尺：载物台是放置所要观察的切片的一个平台，中间镂空，称通光孔，光束通过的结构。在载物台靠近镜臂一侧，有弹簧夹片，是固定切片的装置。载物台前方和侧方的边缘处各有一个带刻度的标尺，称卡尺，可以在观察切片的同时，横、纵两个方向记录观察对象在切片中的具体位置。

5．推进器：在载物台的右侧呈上、下方向排列的两个旋钮，旋转这两个旋钮可以使载物台和卡尺分别向前后与左右方向移动，使组织块、光束及通光孔在一条纵线上，便于观察。

6．粗准焦螺旋：在镜臂下方的左侧有一相对较大的旋钮，称为粗准焦螺旋（或大螺旋），旋转此旋钮使载物台上升或下降。

7．细准焦螺旋：在镜臂下方的右侧有一相对较小的旋钮，称为细准焦螺旋（或小螺旋）。在高倍镜下观察切片时，调节此旋钮，可使物象清晰。

8．光源：在镜座的上方有光束的来源。镜臂的右侧有控制光源开启的开关以及调节光源亮度的旋钮。

（三）普通光学显微镜的使用方法

1．安放显微镜：右手握住镜臂，左手托住镜座，把显微镜放在实验台上距边缘 7 cm 左右处，人体略偏左前方。

2．放置切片：把所要观察的切片标本放在载物台上，用弹簧夹片夹压住，组织块要正对通光孔的中心。

3．观察切片：转动粗准焦螺旋，使载物台上升到最高点，然后再缓慢下降载物台至物象清晰。直接转换高倍镜，调节细准焦螺旋至物象清晰。转动推进器，边移动边调细准焦螺旋，观察完整组织块。

4．更换切片：一种方法是在低倍镜下直接更换切片；一种方法是下降载物台更换切片后再重新完成以上的操作过程。

5．收镜：下降载物台至最低处，转动转换器，使低倍物镜或无物镜的地方（物镜呈“八字形”）对准通光孔，取下切片放在切片盒中。

（宋　斌）

第三节　解剖学和组织胚胎学实验项目

实验一　躯干骨

【内容回顾】

运动系统由骨、关节和骨骼肌构成，成人共有 206 块骨，按部位分为颅骨、躯干骨和四肢骨三部分。

躯干骨包括 26 块脊柱骨（24 块椎骨、1 块骶骨、1 块尾骨）、1 块胸骨和 12 对肋，分别参与脊柱、胸廓与骨盆的构成。

【实验目的】

1．掌握躯干骨的组成和体表标志；掌握椎骨的一般形态及各部椎骨的特征。

2．熟悉骨的形态及构造。

3．了解骨与骨之间的连接，为关节铺垫夯实基础。

【实验材料】

1．标本：颈椎、胸椎、腰椎、骶骨、尾骨、肋、完整骨性脊柱、完整胸廓。

2．挂图：运动系统及躯干骨全套挂图。

【实验内容】

1．椎骨一般形态结构：椎体、椎弓、椎孔、椎管、横突、棘突、上关节突、下关节突等。

2．颈椎特有结构：齿突凹、齿突、上关节突、下关节突、横突孔等（图 1-1 至图 1-4）。

3．胸椎特有结构：有上、下肋凹、横突肋凹。棘突细长，伸向后下方，呈叠瓦状（图 1-5、图 1-6）。

4．腰椎结构特点：椎弓宽扁，形似板状，又称椎弓板。棘突宽短，水平伸向后方（图 1-7、图 1-8）。

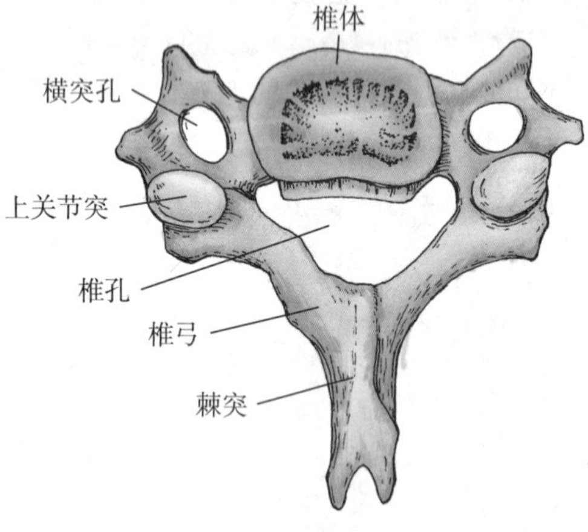

图 1-1　颈椎

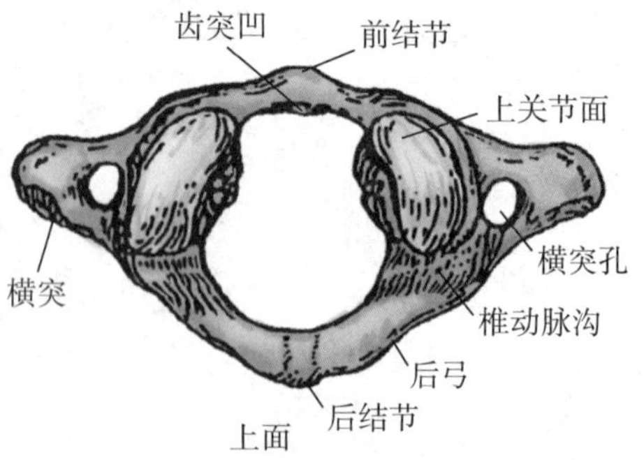

图 1-2　寰椎

5．骶骨形态结构：骶骨由 5 块骶椎融合而成，骶骨前面有骶前孔、骶岬、横线等结构；骶骨侧面有耳状面；骶骨后面有上关节突、骶正中嵴、骶后孔、骶角等；骶管纵贯骶骨全长（图 1-9、图 1-10）。

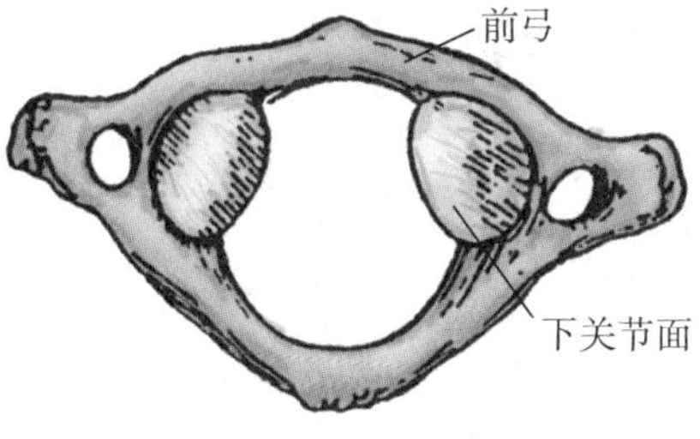

图 1-3 枢椎

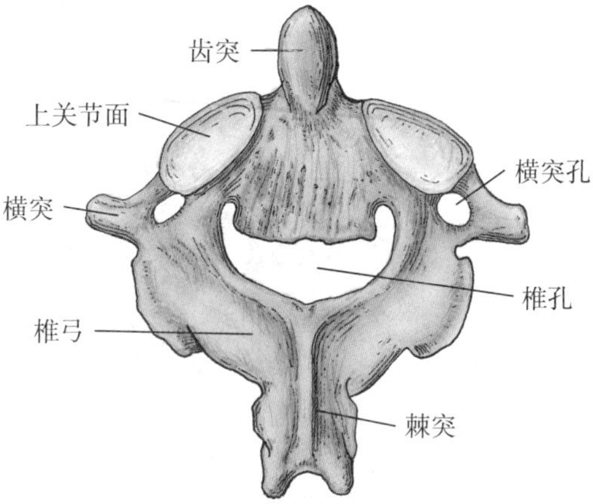

图 1-4 隆椎

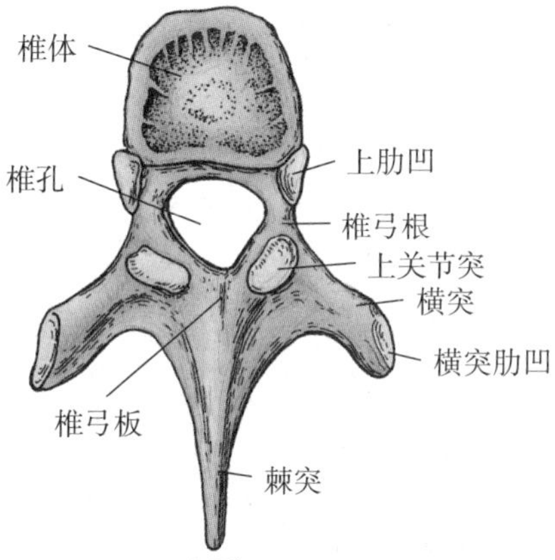

图 1-5 胸椎上面观

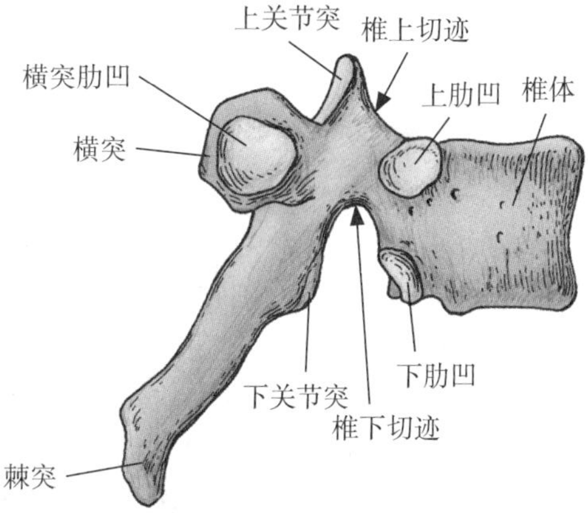

图 1-6 胸椎侧面观

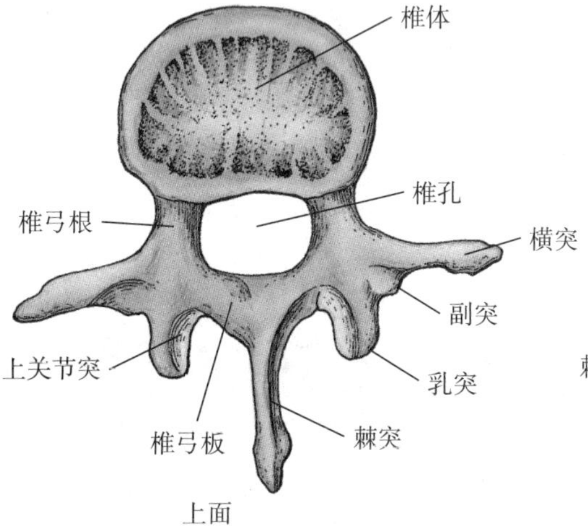

图 1-7 腰椎上面观

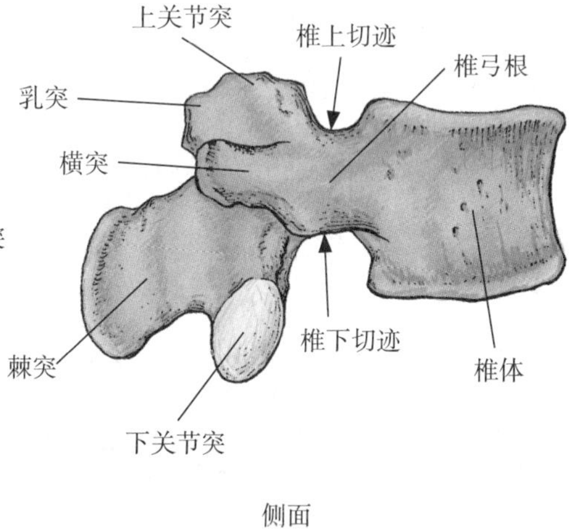

图 1-8 腰椎侧面观

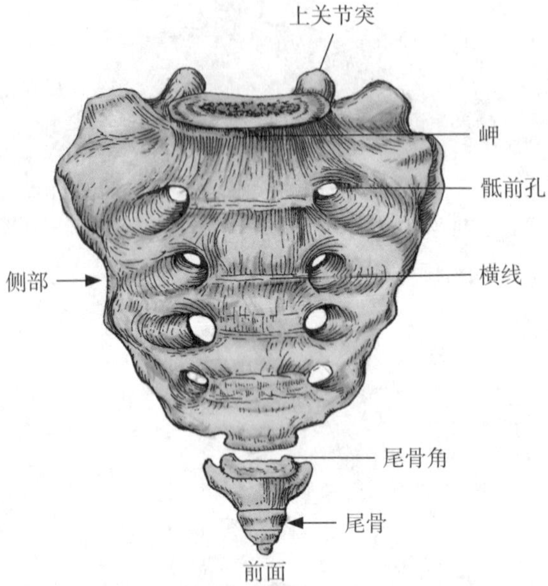

图 1-9　骶骨前面观

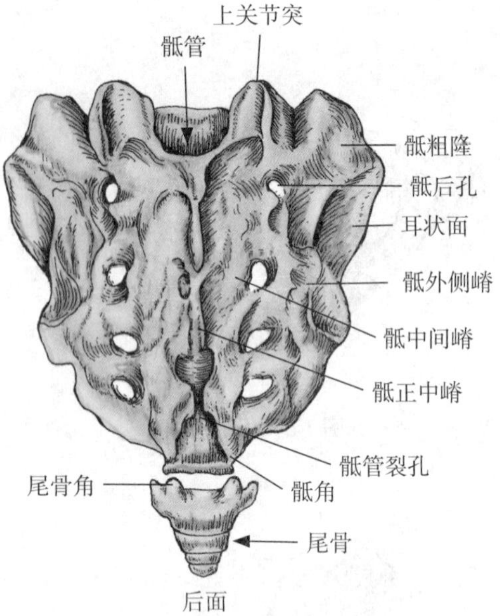

图 1-10　骶骨后面观

尾骨形态结构：尾骨由 3 ～ 4 块退化的尾椎融合而成。

6．胸骨形态结构：胸骨从上至下由胸骨柄、胸骨体和剑突三部分组成。胸骨柄与胸骨体连接处向前微凸，称胸骨角，两侧平对第 2 肋，是计数肋的标志。胸骨柄上有颈静脉切迹、锁切迹以及第 1 肋切迹；胸骨体上有肋切迹（图 1-11、图 1-12）。

7．肋形态结构：肋由肋骨和肋软骨组成，第 1 ～ 7 对肋前端直接与胸骨相连，称真肋；第 8 ～ 12 对肋不直接与胸骨相连，称假肋；第 8 ～ 10 对肋前端借肋软骨与上一肋软骨连接，称肋弓；第 11 ～ 12 对肋前端游离于腹壁肌层中，称浮肋。

【实验过程】

1．教师利用骨标本并结合挂图示教，讲解各骨的形态与结构。

2．学生分组识别各骨的重要结构。

【实验反思】

1．简述椎骨的组成。

2．简述椎骨的一般形态。

3．怎样区分颈椎、胸椎与腰椎?

4．概念：胸骨角、椎间孔。

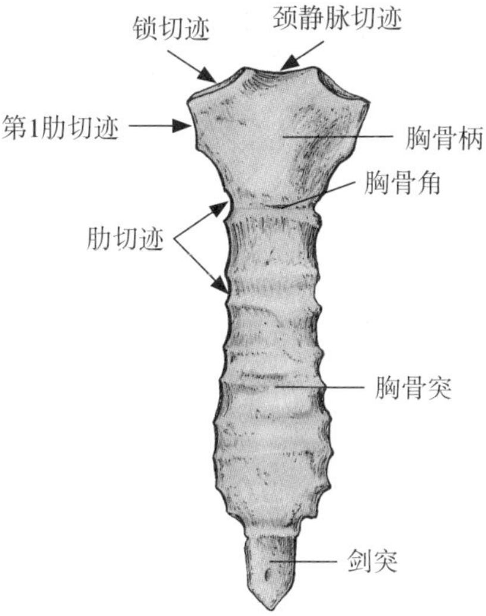

图 1-11　胸骨

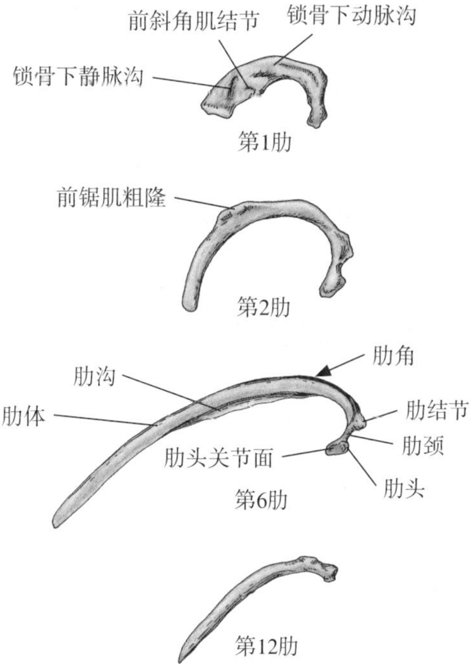

图 1-12　肋骨

（宋　斌）

实验二 四肢骨

【内容回顾】

四肢骨分为上肢骨和下肢骨，又分别由上、下肢带骨（锁骨、肩胛骨，髋骨）和自由上、下肢骨（肱骨、桡骨、尺骨、腕骨、掌骨、指骨，股骨、胫骨、腓骨、髌骨、跗骨、跖骨、趾骨）组成。

【实验目的】

1．掌握四肢骨的组成及主要结构。

2．熟悉四肢骨的排列顺序。

【实验材料】

1．标本：锁骨、肩胛骨、肱骨、桡骨、尺骨、腕骨、掌骨、指骨、髋骨、股骨、胫骨、腓骨、髌骨、跗骨、跖骨、趾骨、完整四肢骨。

2．挂图：运动系统及四肢骨全套挂图。

【实验内容】

1．上肢带骨

（1）锁骨形态结构："S" 形，胸骨端、肩峰端（图 2-1）。

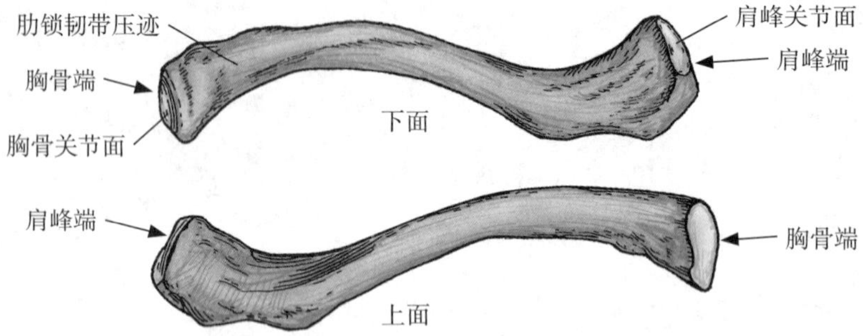

图 2-1 锁骨

（2）肩胛骨形态结构：上角、下角、关节盂、肩胛下窝、肩胛冈、冈上窝、冈下窝、肩峰、喙突、肩胛切迹、内侧缘、外侧缘（图 2-2）。

2．自由上肢骨

（1）肱骨形态结构：长骨，分为一体和两端，包括肱骨头、解剖颈、大结节、小结节、结节间沟、外科颈、三角肌粗隆、桡神经沟、肱骨小头、肱骨滑车、冠突窝、鹰嘴窝、内上髁、外上髁、尺神经沟等（图 2-3）。

（2）桡骨形态结构：长骨，前臂的外侧部（内尺外桡），有桡骨头、环状关节面、桡骨颈、桡骨粗隆、骨间缘、桡骨茎突、尺切迹等（图 2-4）。

（3）尺骨形态结构：长骨，前臂的内侧部（内尺外桡），有滑车切迹、鹰嘴、冠突、桡切迹、尺骨粗隆、骨间缘、尺骨头、尺骨茎突等（图 2-4）。

（4）腕骨形态结构：口诀法记忆——舟月三角豆、大小头状钩（近侧至远侧、桡侧向尺侧），单侧共 8 块，即手舟骨、月骨、三角骨、豌豆骨、大多角骨、小多角骨、头状骨和钩骨

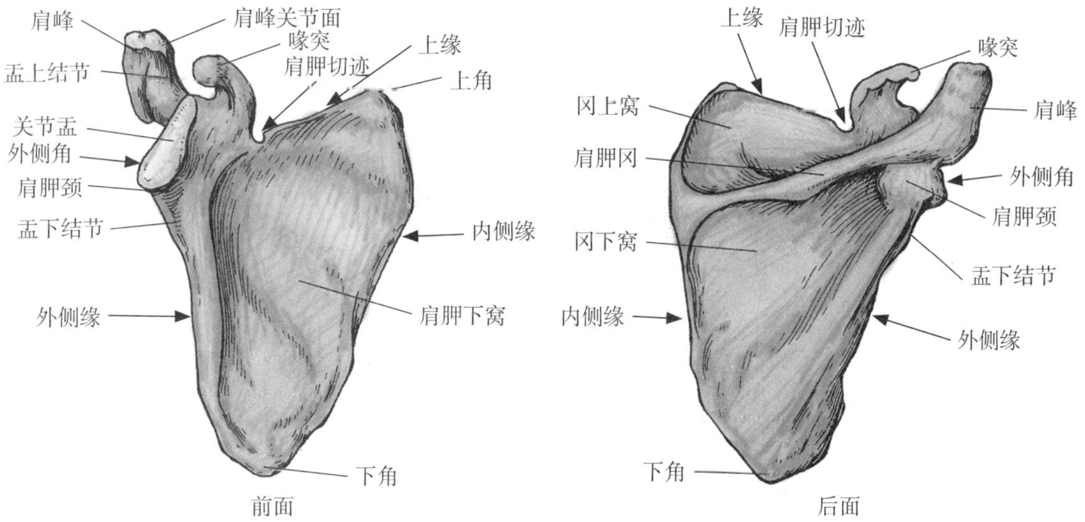

图 2-2　肩胛骨

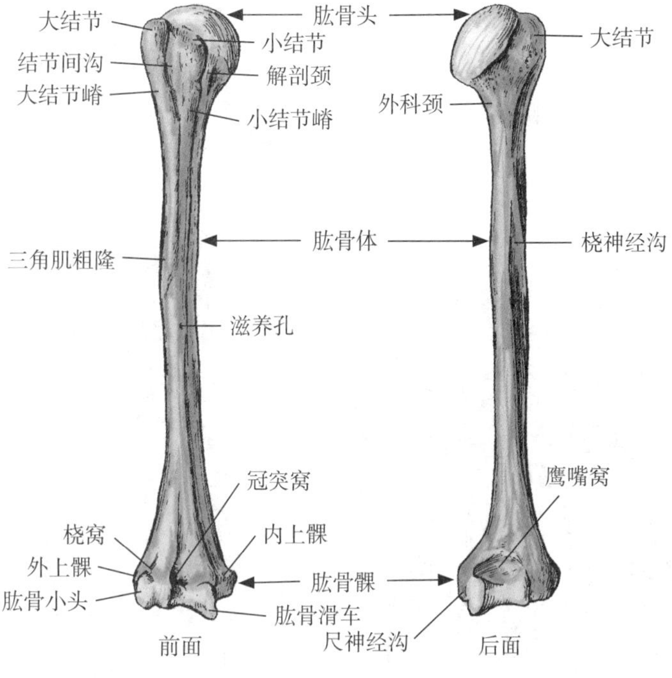

图 2-3　肱骨

（图 2-5）。

（5）掌骨形态结构：依次为第 1 ～ 5 掌骨，近端为底，远端为头，中间为体。

（6）指骨形态结构：属长骨，共 14 块。拇指两节，分为近节和远节，其余各指为三节，近节指骨、中节指骨、远节指骨（图 2-5）。

3．下肢带骨

（1）髋骨：由髂骨、耻骨和坐骨三骨汇合于髋臼而成。髋臼由髂、坐、耻三骨的体

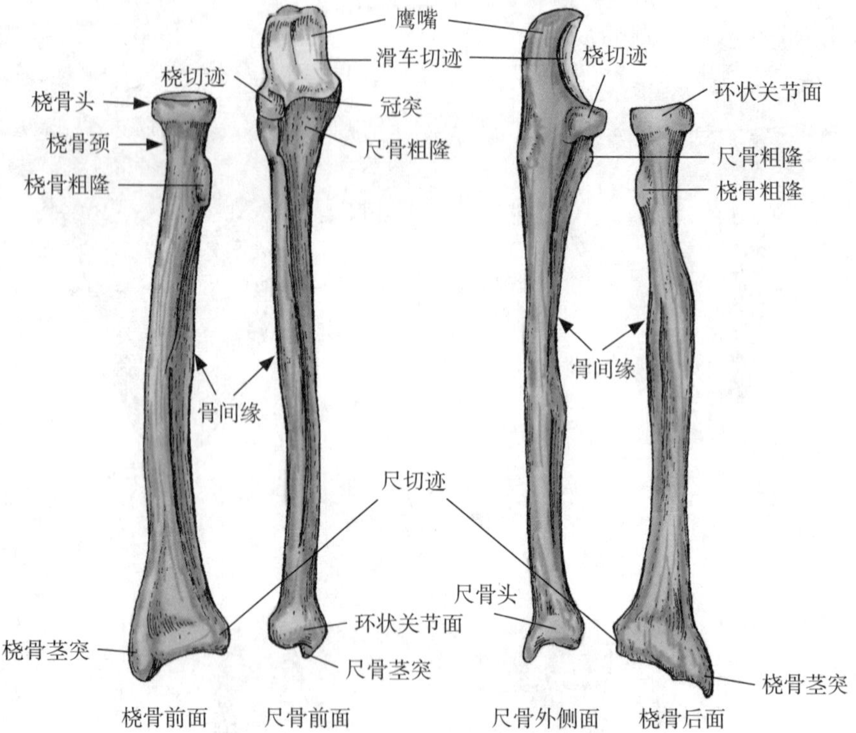

图 2-4　尺骨、桡骨

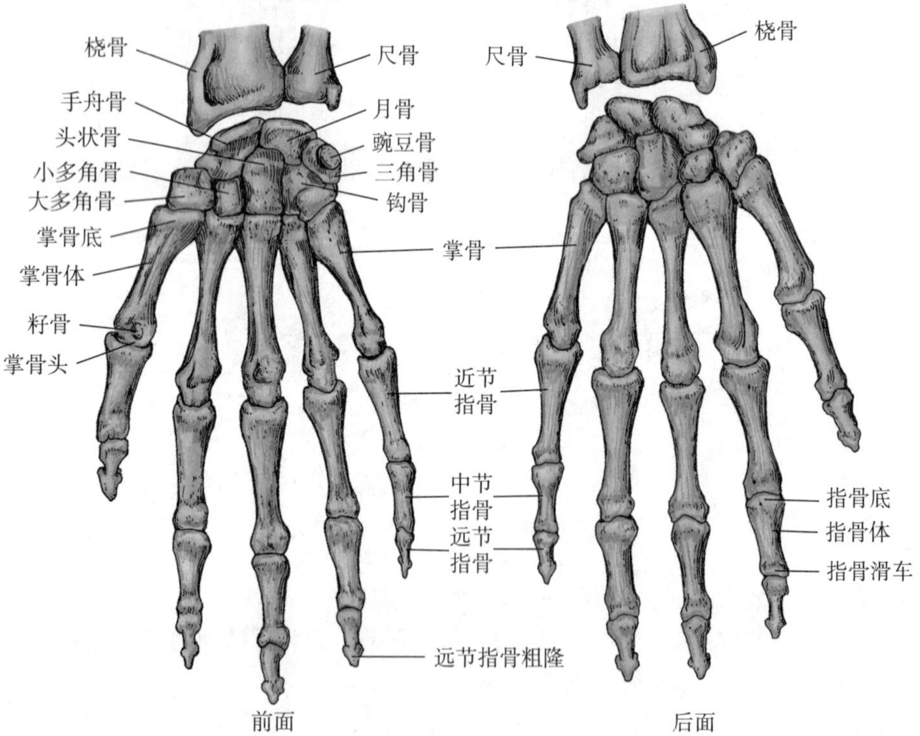

图 2-5　手骨

合成。

（2）髂骨形态结构：髂骨体、髂骨翼、髂嵴、髂前上棘、髂后上棘、髂结节、髂前下棘、髂后下棘、坐骨大切迹、髂窝、弓状线等。

（1）坐骨形态结构：分坐骨体和坐骨支，有坐骨棘、坐骨小切迹、坐骨大切迹、坐骨支、坐骨结节等结构。

（2）耻骨形态结构：分为耻骨体和上、下两支，有耻骨上支、耻骨下支、耻骨梳、耻骨结节、耻骨联合面、闭孔等结构（图 2-6）。

4．自由下肢骨

（1）股骨形态结构：股骨头、股骨头凹、股骨颈、大转子、小转子、转子间嵴、转子间线、臀肌粗隆、腘面、内侧髁、外侧髁、髌面、髁间窝、内上髁、外上髁等（图 2-7）。

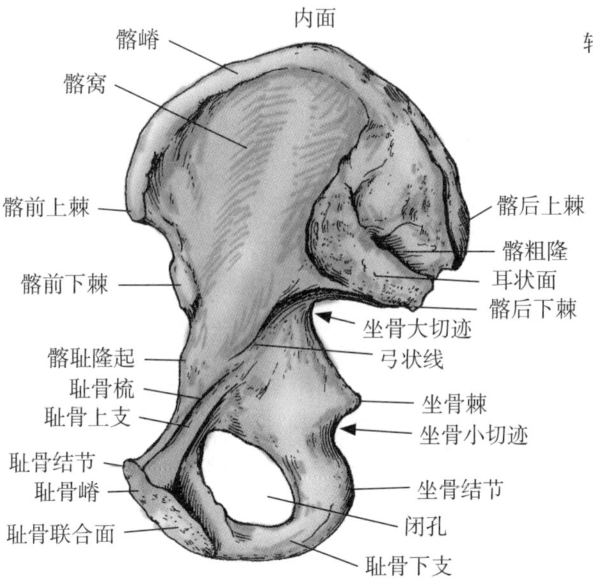

图 2-6 髋骨（内面）

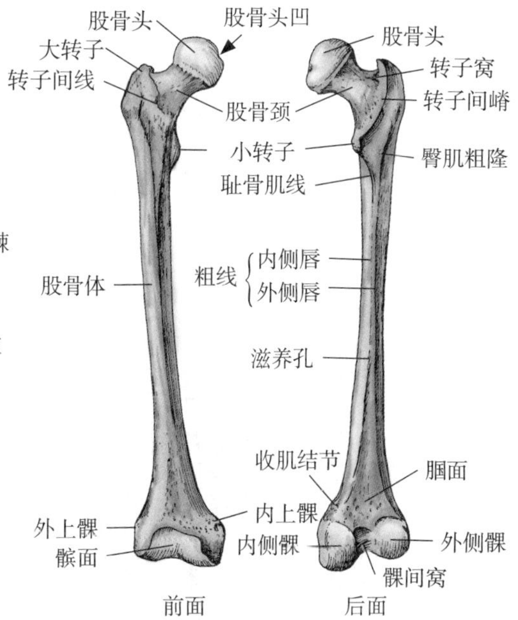

图 2-7 股骨

（2）髌骨形态结构：人体最大的籽骨，上宽下尖，前面粗糙，后面为关节面。

（3）胫骨形态结构：位于小腿内侧（内胫外腓），有内侧髁、外侧髁、髁间隆起、胫骨粗隆、骨间缘、比目鱼肌线、内踝、腓切迹等结构（图 2-8）。

（4）腓骨形态结构：位于胫骨外后方，有腓骨头、腓骨颈、外踝等结构。

（5）跗骨形态结构：口诀法记忆——跟骨托距骨、距骨搭上舟、三楔前面行、骰骨外侧候，单侧共 7 块，即距骨、跟骨、足舟骨、内侧楔骨、中间楔骨、外侧楔骨、骰骨。

（6）跖骨形态结构：分别为第 1 ～ 5 跖骨，近端为底，远端为头，中间为体。第 5 跖骨底向后突出，称第 5 跖骨粗隆。

（7）趾骨形态结构：共 14 块，踇趾两节，其余各趾三节（图 2-9）。

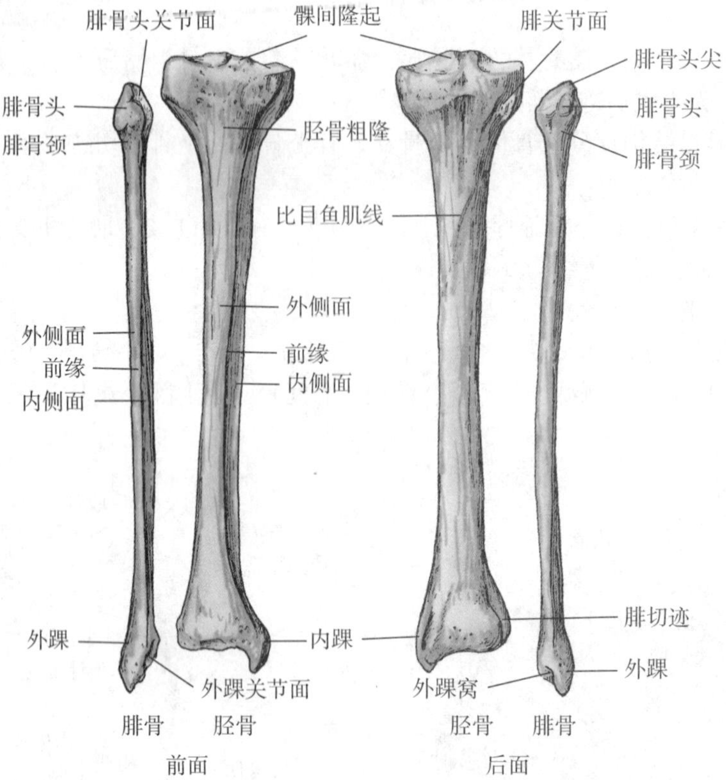

图 2-8　胫骨、腓骨

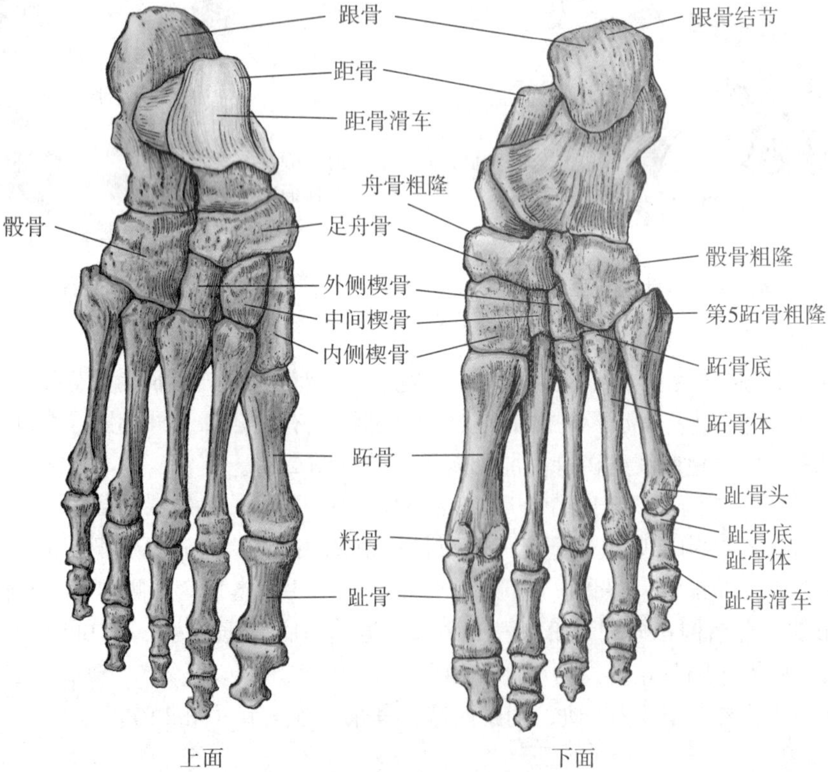

图 2-9　足骨

【实验过程】

1．教师利用骨标本并结合挂图示教，讲解各骨的形态与结构。

2．学生分组识别各骨的重要结构。

【实验反思】

1．分别简述上肢和下肢的组成。

2．简述四肢骨的一般形态。

（宋　斌）

实验三　颅骨

【内容回顾】

颅骨共23块，可分成后上部的脑颅和前下部的面颅。脑颅由8块脑颅骨组成，其中成对的有颞骨和顶骨，不成对的有额骨、蝶骨、筛骨和枕骨。面颅由15块骨组成，成对的有上颌骨、鼻骨、颧骨、腭骨、下鼻甲骨、泪骨，不成对的有下颌骨、舌骨。

面颅的口诀记忆法——以上颌骨为中心，上有鼻泪，下接下颌，外颧内甲，后连犁腭，唯有舌骨颈前落座。

【实验目的】

1．掌握颅骨的组成及颅底内外面的形态结构。

2．熟悉骨性鼻腔的结构，眶的形态结构，鼻旁窦的位置。

3．了解与神经和血管有关的重要孔裂的位置和名称；了解新生儿颅的特点。

【实验材料】

1．标本：颅顶、面颅、颅底、舌骨、下颌骨、完整颅骨。

2．挂图：运动系统及颅骨全套挂图。

【实验内容】

1．舌骨形态结构：蹄铁形，中间宽厚部分为舌骨体，向后延伸的突起分别是大角和小角（图3-1）。

2．下颌骨形态结构：分为一体和两支。下颌体上的结构有牙槽弓、颏突、颏孔、颏棘；下颌支上的结构有冠突、髁突、下颌切迹、下颌头、下颌颈、下颌孔、下颌角（图3-2）。

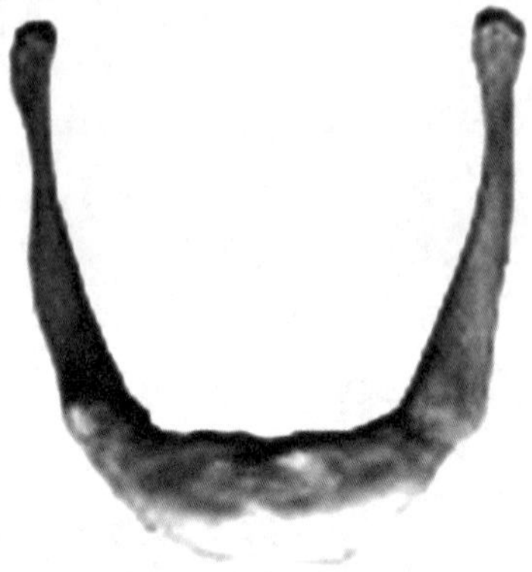

图3-1　舌骨

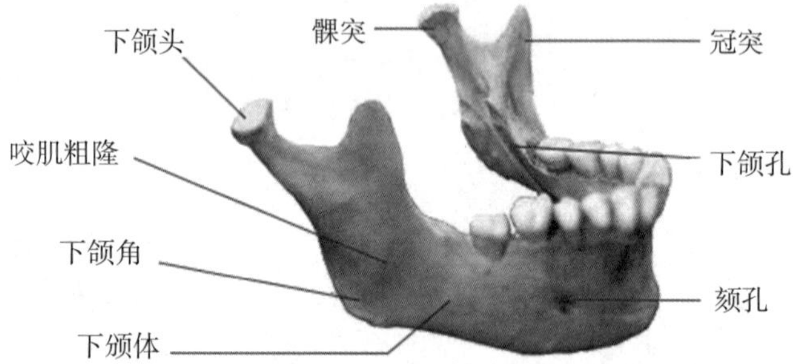

图3-2　下颌骨

3．颅的整体观

（1）颅的顶面观：自前向后为额顶骨和枕骨，两侧顶骨下方有蝶骨大翼和颞骨鳞部。顶骨中央最突出处为顶结节。额骨与顶骨之间有冠状缝，左、右顶骨之间有矢状缝，顶骨与枕骨之间有人字缝。新生儿颅尚未完全发育，各骨之间较大的间隙由结缔组织或软骨充填，称颅囟。最大的颅囟是矢状缝与冠状缝交汇处的前囟，呈菱形，出生后1～2岁闭合。矢状缝与人字缝相交处有三角形的后囟，出生不久即可闭合（图3-3）。

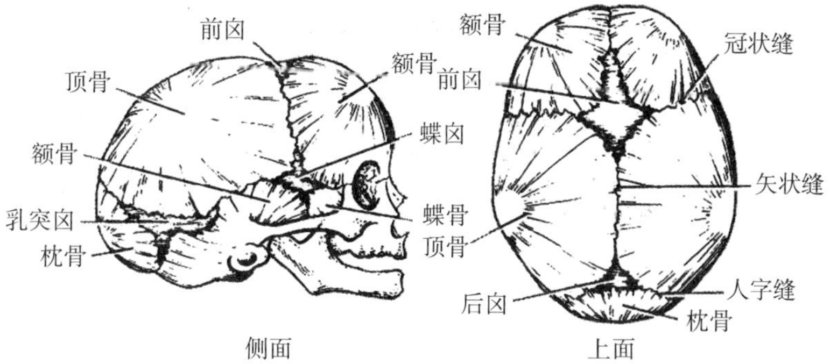

图 3-3 颅骨

（2）颅的侧面观：有外耳门、外耳道、乳突、颧弓、颞窝、颞下窝、翼点、翼腭窝等（图 3-4）。

（3）颅的前面观：可分为额区、眶、骨性鼻腔和骨性口腔（图 3-5）。

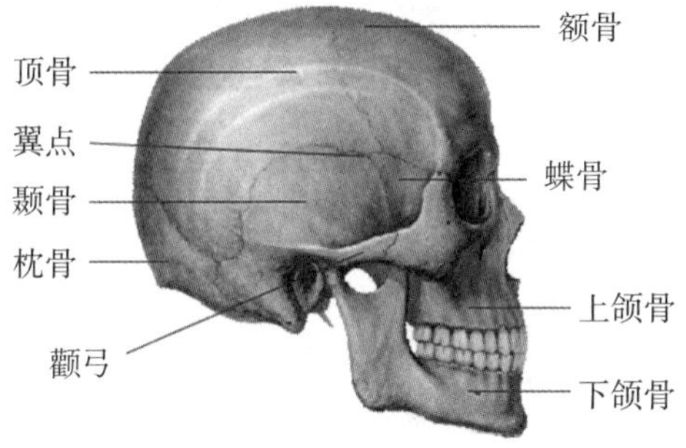

图 3-4 颅的侧面观

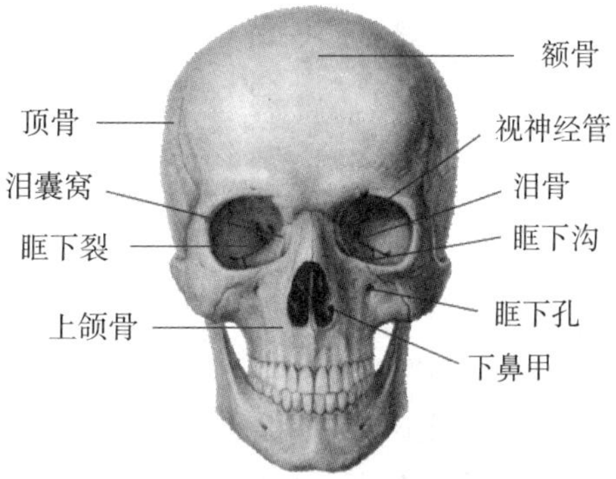

图 3-5 颅底前面观

额区：额结节、眉弓。

眶：四棱锥体形深窝，尖向后内。

骨性鼻腔：顶由筛板构成，底由骨腭构成。外侧壁自上而下分别有上、中、下鼻甲，对应上、中、下鼻道；上鼻甲后上方与蝶骨体之间的间隙称蝶筛隐窝。鼻腔内侧壁为骨性鼻中隔（由犁骨和筛骨垂直板构成）。

鼻旁窦：额窦、蝶窦、上颌窦、筛窦。

骨性口腔：由上颌骨、腭骨和下颌骨围成。

（4）颅底内面观：与脑底面形态相对应，形成阶梯状的颅前窝、颅中窝和颅后窝（图 3-6）。

颅前窝：位置最高，由额骨、筛板和蝶骨小翼构成。筛板的中线上有突起的鸡冠，两侧有筛孔通鼻腔（图 3-6）。

颅中窝：由蝶骨体、蝶骨大翼、颞骨岩部的前面组成。重要结构有垂体视神经管、眶上裂、圆孔、卵圆孔、棘孔、鼓室盖、破裂孔等。

颅后窝：位置最低，由枕骨和颞骨岩部后面构成。重要结构有枕骨大孔、斜坡、舌下神经管、枕内隆凸、横窦沟、乙状窦沟、颈静脉孔、内耳门、内耳道（内耳门、内耳道与外耳门和外耳道不相通）。

颅底外面观：重要结构有枕骨大孔、枕外隆凸、枕髁、颈静脉孔、颈动脉管外口、颈动脉管、茎突、乳突、茎突孔、下颌窝、牙槽弓、切牙孔、切牙管、鼻后孔等（图 3-7）。

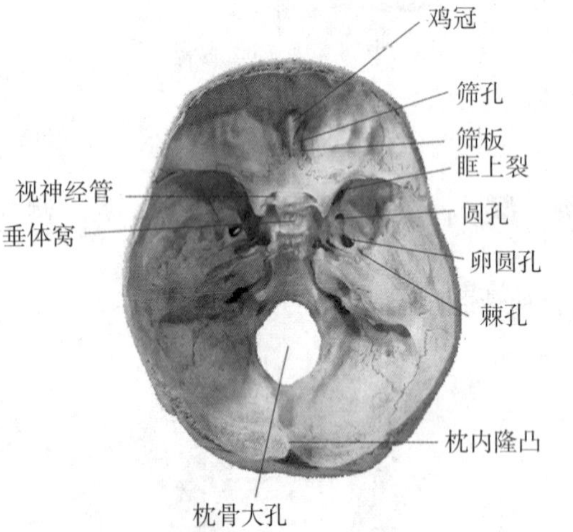

图 3-6　颅底内面观

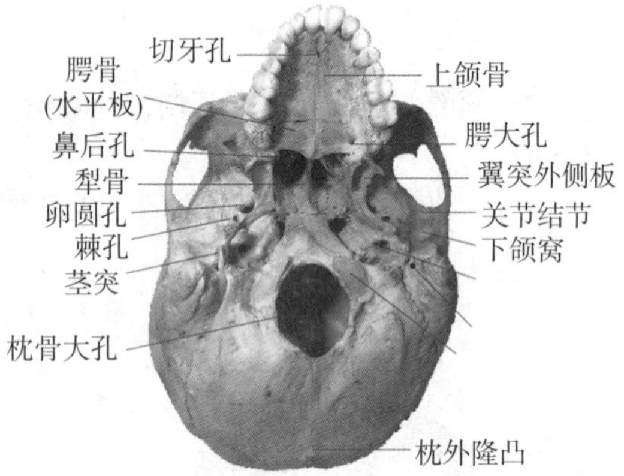

图 3-7　颅底外面观

【实验过程】

1．教师利用骨标本并结合挂图示教，讲解各骨的形态与结构。

2．学生分组识别各骨的重要结构。

【实验反思】

1．什么是翼点？有何意义？

2．简述颅骨的组成。

3．简述颅的各面观的结构特点。

（宋　斌）

实验四 骨连结

【内容回顾】

骨与骨之间的连接称骨连结。根据被连接的骨之间有无缝隙，又分为直接连结和间接连结。

（1）直接连结：纤维连结、软骨连结、骨性结合。

（2）间接连结：即关节。由关节囊、关节面与关节腔构成。

（3）关节的辅助装置：韧带、关节盘、关节唇、滑膜囊等。

（4）关节的运动：屈和伸、收和展、旋内和旋外（旋前和旋后）、环转。

【实验目的】

1．掌握关节的基本结构，脊柱、胸廓、骨盆、肩关节、肘关节、髋关节和膝关节的组成、形态特点与运动形式。

2．熟悉骨连结的分类，关节的辅助结构，颞下颌关节、桡腕关节、踝关节及足弓的构成。

3．了解其余关节的组成及活动方式。

【实验材料】

1．标本：躯干骨的连结标本、颅骨的连结标本和四肢骨的连结标本。

2．挂图：运动系统及关节全套挂图。

【实验内容】

一、躯干骨连接

（一）脊柱

由 24 块椎骨、1 块骶骨和 1 块尾骨连接而成。

1．椎骨间的连接：借椎间盘、前纵韧带与后纵韧带相连（图 4-1）。

（1）椎间盘：中央部为髓核，周围部为纤维环。由多层呈同心环排列的纤维软骨构成，坚韧而富有弹性。

（2）前纵韧带：紧贴在椎体和椎间盘的前面。

（3）后纵韧带：椎体和椎间盘的后面。

2．椎弓间的连接：借韧带和关节突关节相连。

（1）黄韧带：是连接相邻两个椎弓板之间的短韧带。

（2）棘间韧带：是连接相邻两个棘突之间的短韧带。

（3）棘上韧带：附着于各个椎骨棘突末端的纵行长韧带。

（4）关节突关节：上一椎骨的下关节突和下一椎骨的上关节突构成。

3．由枕髁和寰椎的上关节面组成寰枕关节，可使头做前屈、后仰和侧屈运动。

4．寰椎前弓与枢椎齿突、寰椎下关节面和枢椎上关节面构成寰枢关节，联动可使头左、右转动。

5．脊柱整体观

（1）脊柱前面观：自上而下，椎体逐渐增大，到骶骨耳状面以下，又逐渐变小。

（2）脊柱后面观：各椎体棘突在背部形成一纵嵴。颈椎棘突短而分叉（除外隆椎），胸椎棘突细长，斜向后下呈叠瓦状，腰椎棘突短板状，水平向后。

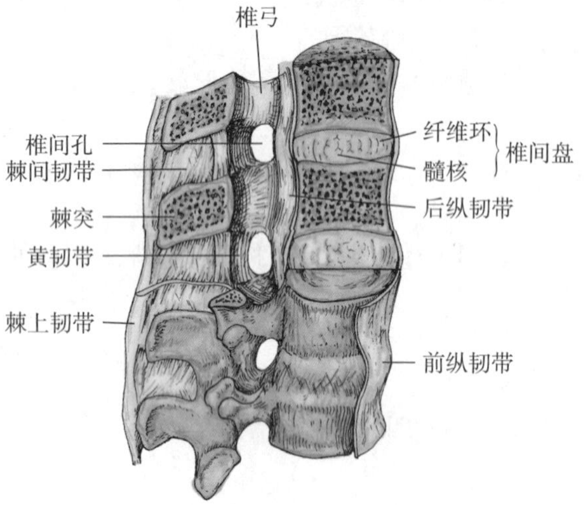

图 4-1 椎骨间连结

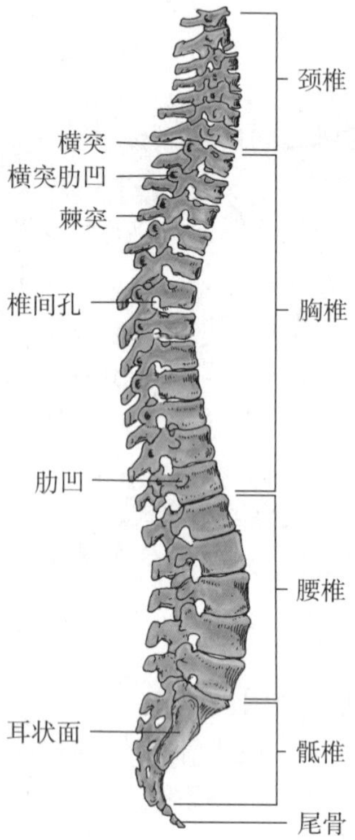

图 4-2 脊柱整体观

(3) 脊柱侧面观：有 4 个生理弯曲，颈曲和腰曲凸向前，胸曲和骶曲凸向后（图 4-2）。

6．脊柱的运动：前屈、后伸、侧屈、旋转、环转。

（二）胸廓

由 12 块胸椎、12 对肋和胸骨组成。主要借肋椎关节和胸肋关节相连接（图 4-3）。

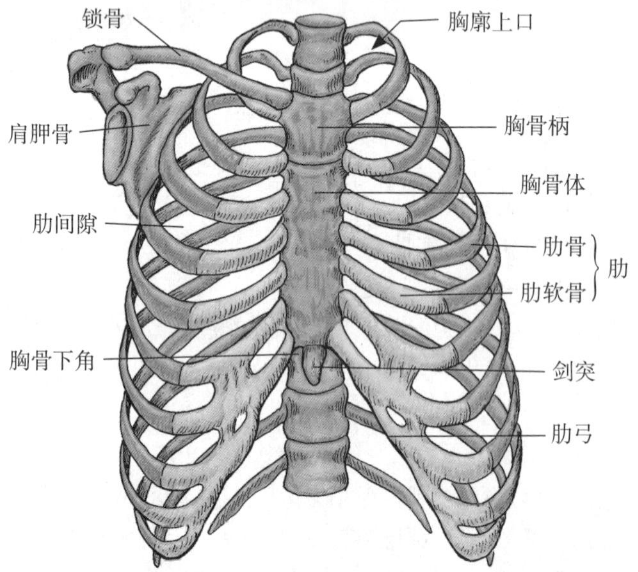

图 4-3 胸廓

1．肋椎关节：包括肋头关节和肋横突关节，它们属于联合关节，运动时使肋的前部做升降运动，以增减胸廓的前后径和横径，改变胸廓容积。

2．胸肋关节：第 1 肋和胸骨柄之间形成软骨连接，第 2 ～ 7 肋的肋软骨与胸骨侧缘相应的肋凹构成胸肋关节，第 8 ～ 10 肋软骨依次连于上位肋软骨下缘，形成肋弓，第 11、12 肋前端游离。

3．胸廓的形态：呈前后稍扁的圆锥形，上窄下宽，前壁短，后壁较长，侧壁最长。胸廓有两个口，胸廓上口较小，由第 1 胸椎体，第 1 肋和颈静脉切迹围成；胸廓下口较大，不规则，由第 12 胸椎体、第 12 肋、第 11 肋前端、肋弓和剑突围成。两侧肋弓形成向下开放的胸骨下角。相邻两肋之间的间隙称为肋间隙。

4．胸廓的功能：支持、保护、参与呼吸运动等。

二、颅骨的连接

1．颅顶各骨之间借薄层结缔组织相连形成缝。

2．颅底各骨之间借软骨相连形成软骨连接。

3．颞下颌关节：由下颌头、颞骨的下颌窝和关节结节组成。关节囊松弛，前部薄弱，后部厚实，外侧有韧带加强，囊内有关节盘。两侧联动可使下颌骨做上提、下降、前进、后退和侧移等运动。

三、上肢骨连接

（一）上肢带骨连接

1．胸锁关节：由锁骨的胸骨端和胸骨柄的锁切迹构成（图 4-4）。

2．肩锁关节：由锁骨的肩峰端和肩胛骨的肩峰构成（图 4-4）。

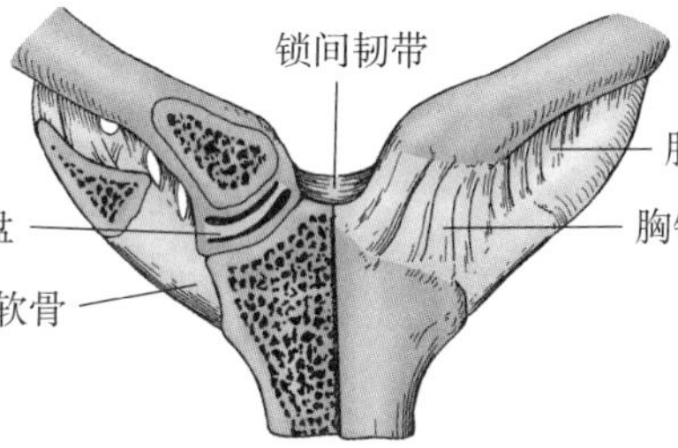

图 4-4　肩锁关节、胸锁关节

（二）自由上肢骨连接

1．肩关节：由肱骨头和关节盂构成。关节盂的周缘有盂唇，可加深关节窝。肩关节囊薄而松弛，周围有韧带和肌腱加强，下壁无韧带和肌腱，最为薄弱。肩关节为全身最灵活、活动度最大的关节，可做屈、伸、展、收、旋内、旋外和环转运动（图 4-5）。

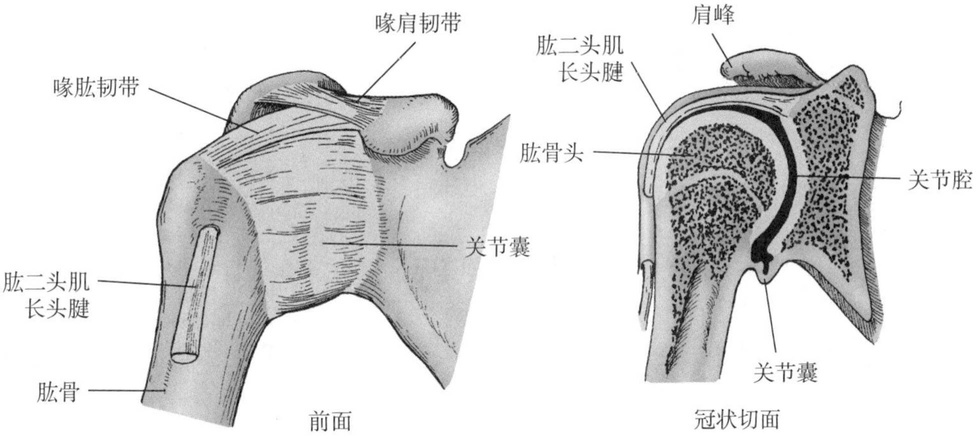

图 4-5　肩关节

2．肘关节：由肱骨下端和桡骨与尺骨的上端构成肱尺关节、肱桡关节和桡尺近侧关节。肘关节的运动以肱尺关节为主，可做屈、伸运动。肘关节伸直时，肱骨内、外上髁与尺骨鹰嘴形成一条直线；当肘关节屈至 90° 时，三者连线构成一个等腰三角形（图 4-6）。

3．桡尺骨间的关节：桡尺近侧关节、前臂骨间膜、桡尺远侧关节。

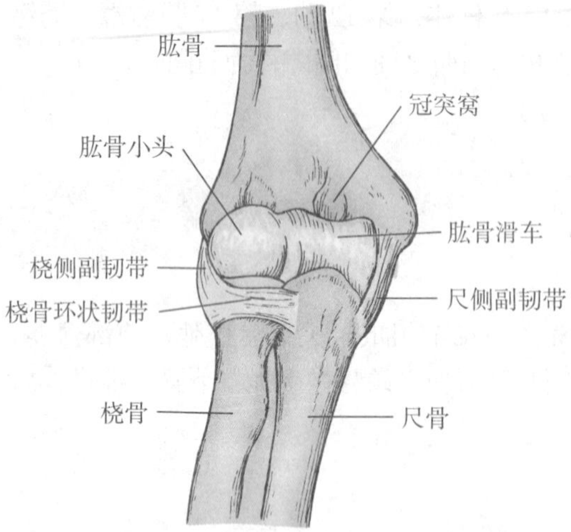

图 4-6　肘关节

4．手关节：桡腕关节、腕骨间关节、腕掌关节、掌指关节、指骨间关节。

四、下肢骨连接

（一）下肢带骨连接

1．骶髂关节：由骶骨和髂骨的耳状面连接而成。

2．骶骨与坐骨间的韧带连接：骶结节韧带、骶棘韧带。

3．耻骨联合：由两侧耻骨联合面借纤维软骨构成的耻骨间盘连接而成。

4．骨盆：由骶骨、尾骨及两侧髋骨连接而成。骶骨岬、弓状线、耻骨梳、耻骨嵴和耻骨联合上缘围成界线（图 4-7）。

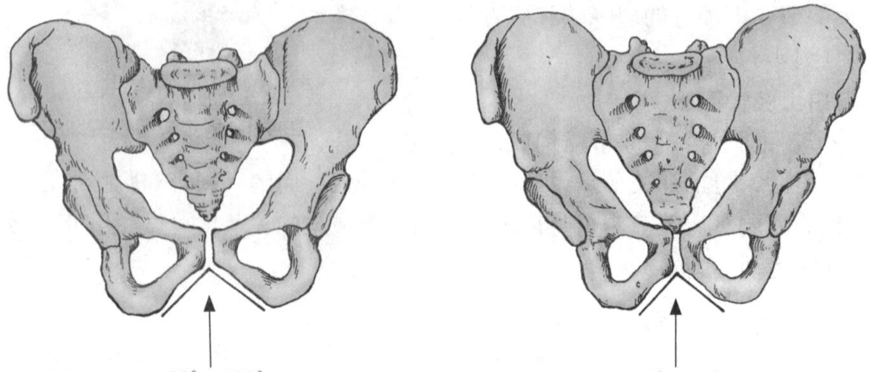

图 4-7　男、女性骨盆

（二）自由下肢骨连接

1．髋关节：由股骨头和髋臼连接而成。髋臼周缘附有纤维软骨构成的髋臼唇，增加了髋臼的深度。髋关节囊紧张而坚韧，囊的前、后、上三面都有韧带加强，后部相对薄弱，前面的髂股韧带最强韧。此韧带对限制髋关节过伸和维持人体的直立有重要意义。髋关节可做屈、伸、展、收、旋内、旋外和环转运动（图 4-8）。

2．膝关节：由股骨下端、胫骨上端和髌骨构成，是人体最大、最复杂的关节。膝关节囊宽阔松弛，周围有数条韧带加强，重要的有胫侧副韧带、腓侧副韧带和髌韧带。囊内有膝交叉韧带和半月板，膝交叉韧带包括前交叉韧带和后交叉韧带，半月板有内侧半月板和外侧半月板，分别呈“C”和“O”形。膝关节可做屈、伸运动。在半屈位时，两侧的副韧带处于最松弛状态，允许小腿做轻微的旋内和旋外运动（图 4-9）。

3．胫腓骨间的连接：胫腓关节等。

4．足关节：包括距小腿关节、跗骨间关节、跗跖关节、跖趾关节和趾骨间关节。距小

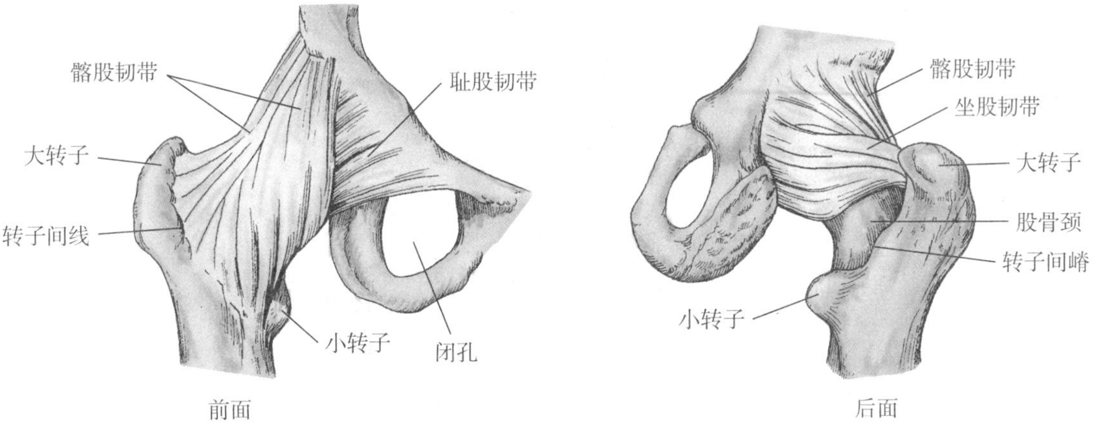

图 4-8 髋关节

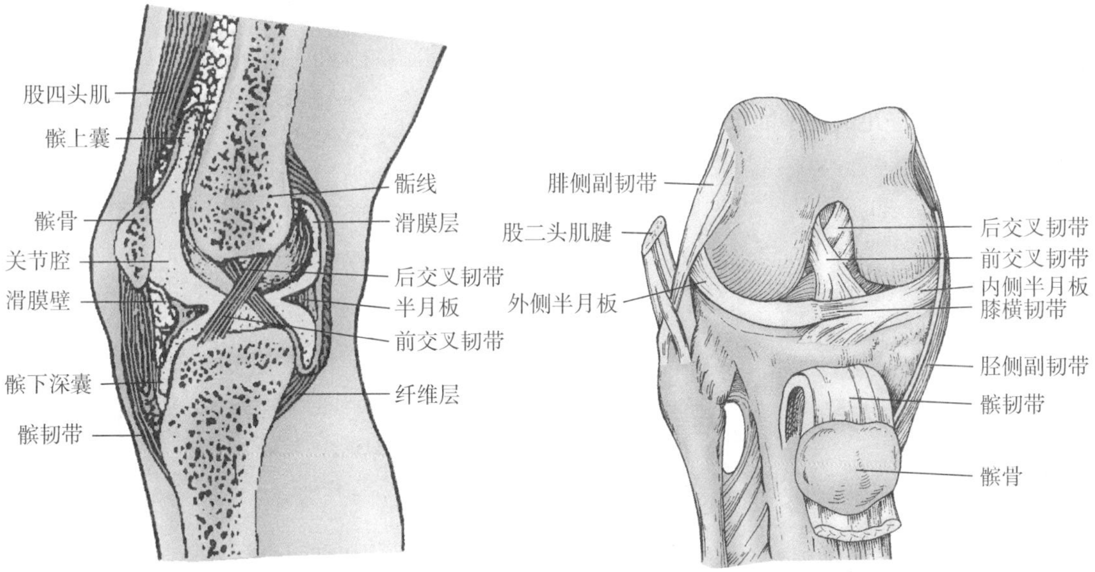

图 4-9 膝关节

腿关节又称踝关节，由胫骨、腓骨的下端和距骨滑车组成。

5．足弓：由跗骨和跖骨呈拱形连接而成（图 4-10）。

【实验过程】

1．教师利用骨标本并结合挂图示教，讲解各关节形态与结构。

2．学生分组识别各关节的重要结构。

【实验反思】

1．简述肩关节、肘关节、髋关节及膝关节的组成。

2．什么是界线？

3．腰部局麻穿刺时选取什么位置进针，穿刺时从外向内依次经过的韧带结构有哪些？

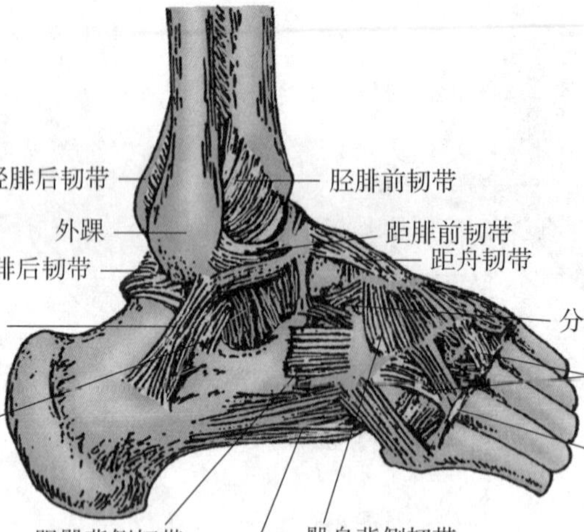

图 4-10　足关节

4．简述男、女性骨盆的差异。
5．试述扁平足的人不能长时间行走的原因。

（宋　斌）

实验五 骨骼肌

【内容回顾】

运动系统由骨、关节和骨骼肌构成。人体的骨骼肌数目有 600 多块，约占体重的 40%。

肌按形态分为长肌、短肌、扁肌和轮匝肌四种。肌包括肌腹和肌腱两部分。

1．肌的起止：肌在相对固定骨上的附着点或靠近身体正中矢状面或四肢近侧端称为起点；在相对移动骨上的附着点或远离身体正中矢状面或四肢远侧端称为止点（图 5-1）。

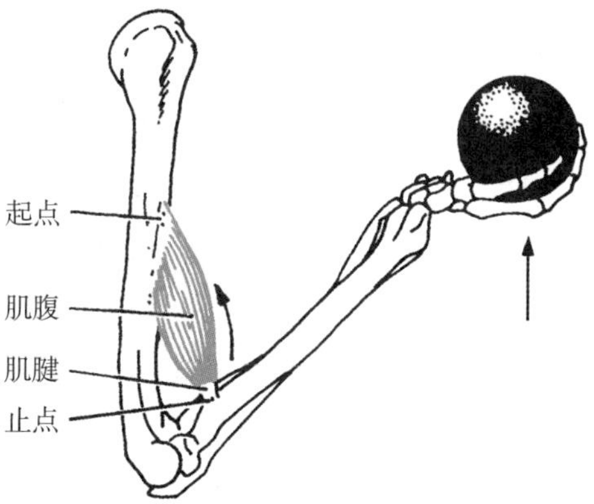

图 5-1 肌的附着和作用

2．肌的配布：在作用上相互对抗的肌称为拮抗肌；配布于关节运动轴同一侧，作用相同的肌称为协同肌。

3．肌的辅助装置：有深筋膜、浅筋膜、滑膜囊和腱鞘，对肌起保护、约束作用，可协助肌完成活动。

【实验目的】

1．掌握肌的形态分类、肌的构造、肌的起止点。

2．熟悉肌的配布形式和肌的辅助结构。

3．了解肌的作用方式和肌的命名方法。

【实验材料】

1．标本：各部骨骼肌标本及完整骨骼肌大体标本。

2．挂图：运动系统及骨骼肌全套挂图。

【实验内容】

一、颅肌

（一）面肌

又称表情肌，主要有枕额肌、眼轮匝肌、口轮匝肌和颊肌（图 5-2）。

（二）咀嚼肌

有咬肌、颞肌、翼内肌和翼外肌（图 5-2、图 5-3）。

二、颈肌

（一）颈浅肌和颈外侧肌

1．颈阔肌

2．胸锁乳突肌

（二）颈前肌

1．舌骨上肌群：包括二腹肌、下颌舌骨肌、颏舌骨肌和茎突舌骨肌。

2．舌骨下肌群：包括胸骨舌骨肌、肩胛舌骨肌、胸骨甲状肌和甲状舌骨肌。

（三）颈深肌（图 5-4）

1．外侧群：有前斜角肌、中斜角肌和后斜角肌。

2．内侧群：有头长肌和颈长肌等。

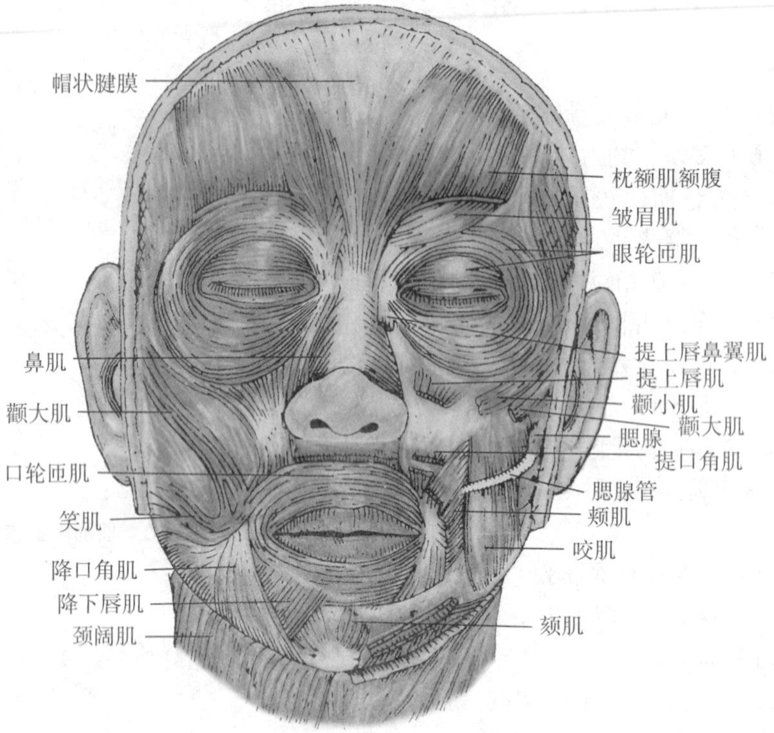

A. 前面观

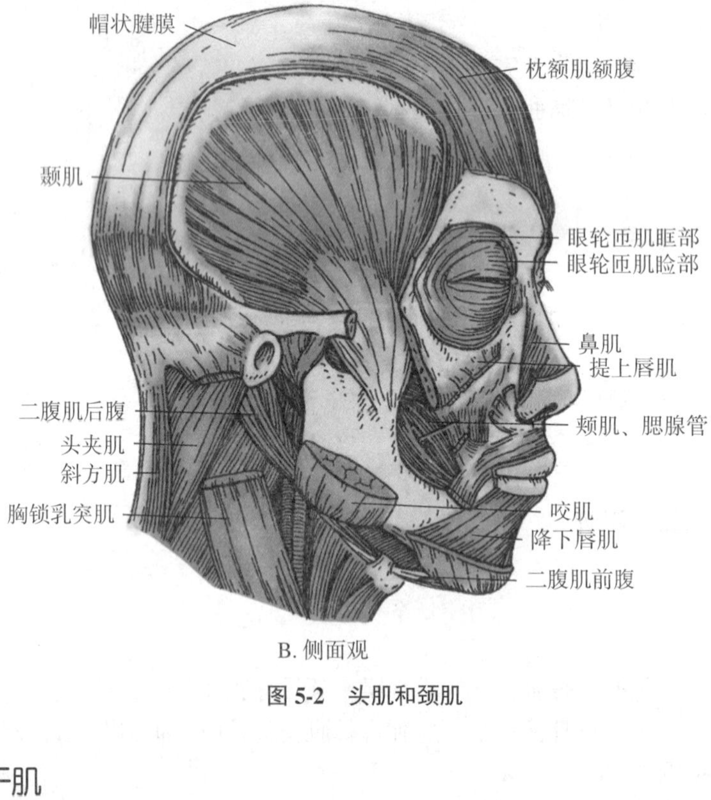

B. 侧面观

图 5-2　头肌和颈肌

三、躯干肌

分为背肌、胸肌、膈、腹肌和会阴肌。

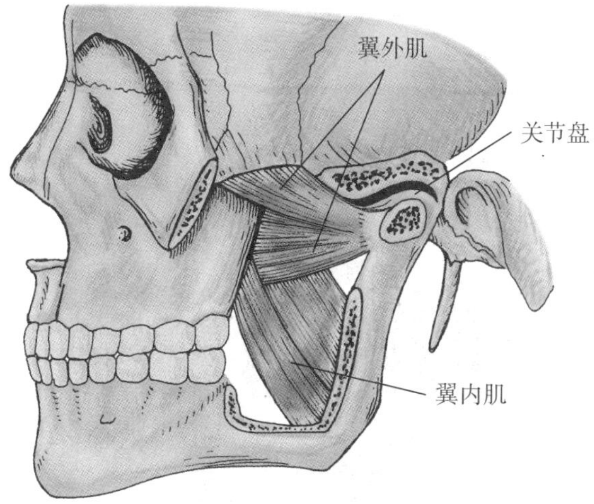

图 5-3　翼内肌、翼外肌

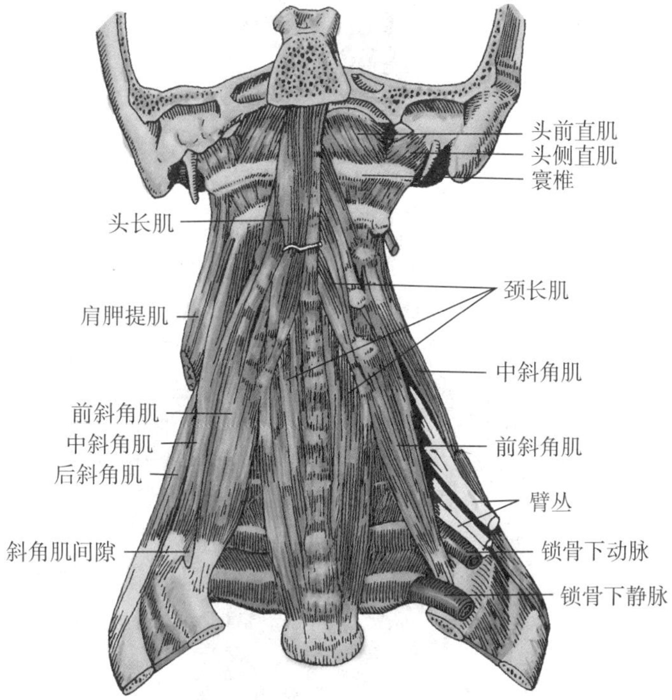

图 5-4　颈深肌群

（一）背肌

1．背浅肌（图 5-5）

（1）斜方肌

（2）背阔肌

（3）肩胛提肌

（4）菱形肌

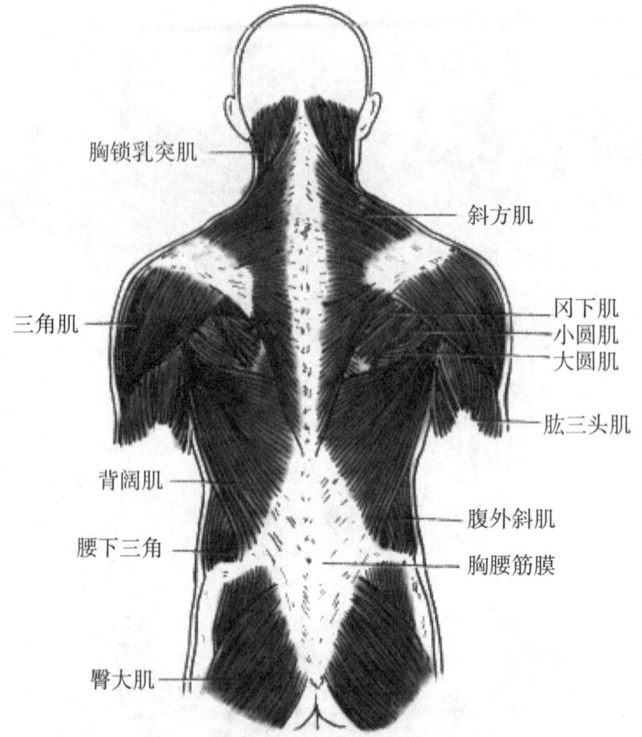

图 5-5　背肌浅群肌

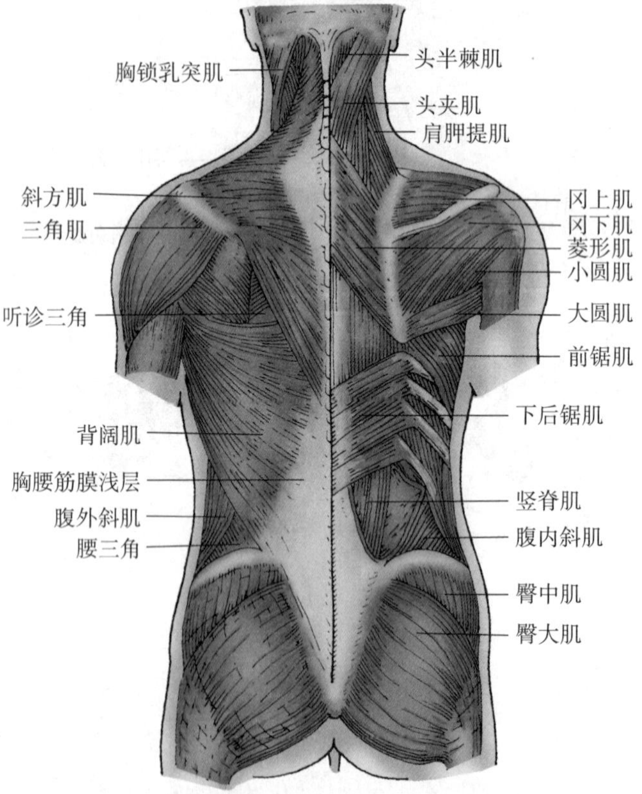

图 5-6　背肌深群肌

2．背深肌（图 5-6）

竖脊肌：又称骶棘肌

3．胸腰筋膜

（二）胸肌（图 5-7）

1．胸上肢肌

（1）胸大肌

（2）胸小肌

（3）前锯肌：牵拉肩胛骨向前使之紧贴胸廓，下部肌束可使肩胛骨下角旋外，帮助臂上举。瘫痪时，产生“翼状肩”。

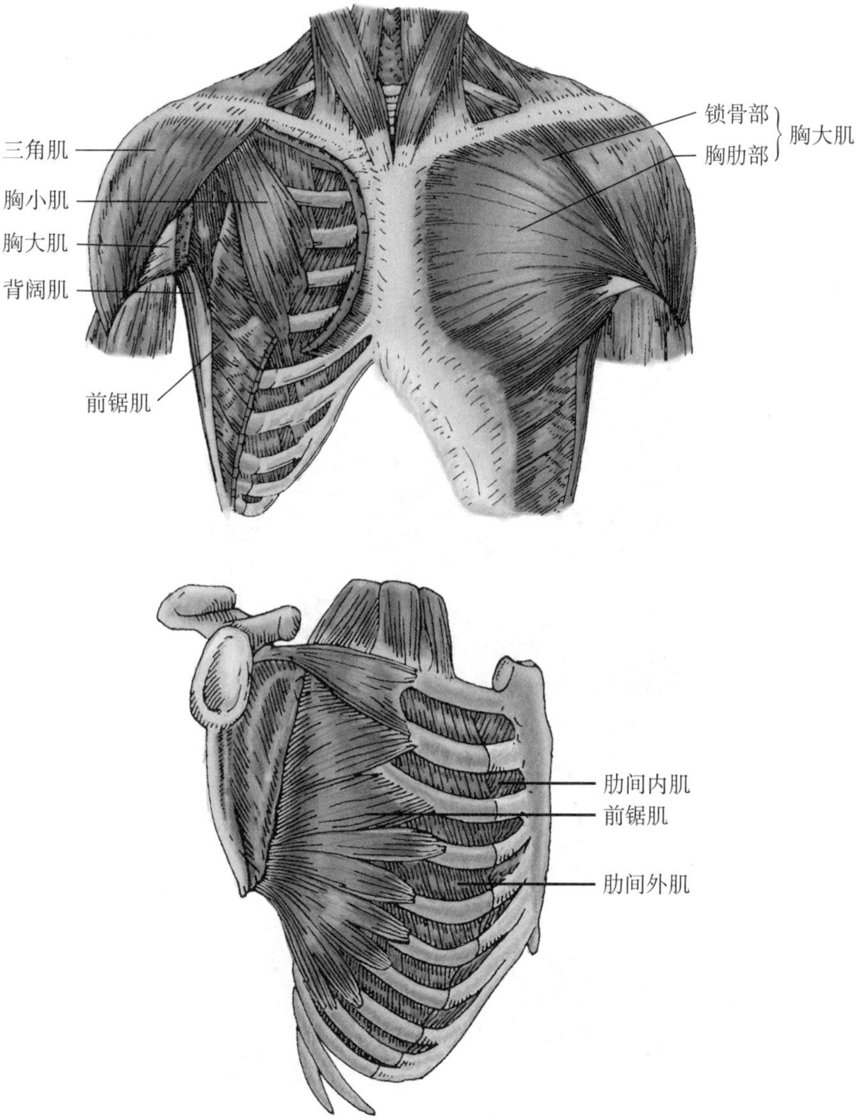

图 5-7 躯干肌（前面，浅层）

2．胸固有肌

（1）肋间外肌

（2）肋间内肌

（3）肋间最内肌

（三）膈

位于胸腔与腹腔之间，呈穹隆状扁肌，周围是肌性部，起于胸廓下口周缘和上 2 ~ 3 个腰椎体前方，肌束向中央移行为腱膜，称为中心腱。

膈起于腰椎体的肌束形成左、右膈脚（图 5-8）。

（四）腹肌（图 5-9）

1．腹肌前外侧群

（1）腹直肌

腹直肌鞘：包裹腹直肌，由腹前外侧壁 3 层扁肌的腱膜构成。

白线：位于腹前壁正中线上，两侧腹直肌之间，由两侧 3 层扁肌腱膜的纤维交织而成，上至剑突，下至耻骨联合，坚韧，血管少。

（2）腹外斜肌：腹外斜肌腱膜下缘增厚并向后卷曲，张于髂前上棘和耻骨结节之间，称为腹股沟韧带。

（3）腹内斜肌

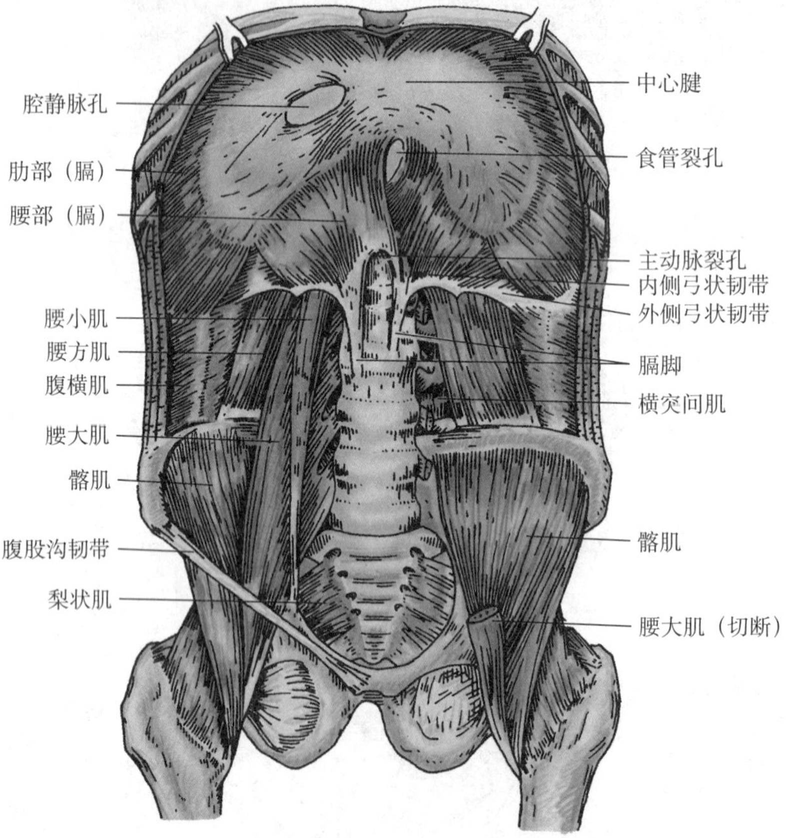

图 5-8　膈和腹后壁肌

(4) 腹横肌

腹肌间的结构：

腹股沟管：位于腹股沟韧带内侧半上方，是腹前壁下部肌和腱膜之间的斜行裂隙。男性有精索，女性有子宫圆韧带通过。

2．腹肌后群

(1) 腰方肌

(2) 腰大肌

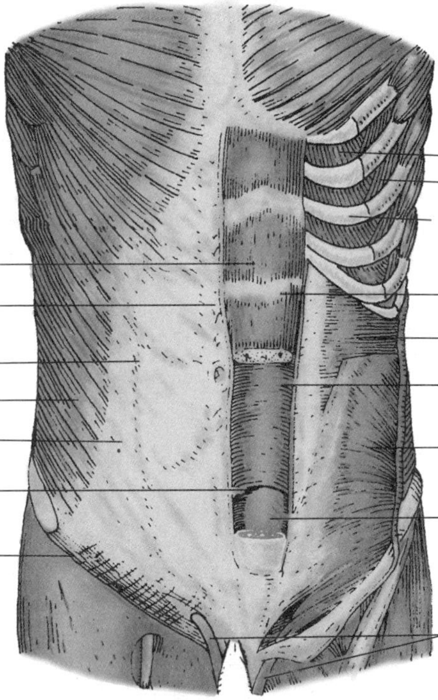

图 5-9　躯干肌（胸肌深层，腹肌前群）

四、上肢肌（图 5-10、图 5-11）

（一）上肢带肌

1．三角肌：用于肌内注射。

2．冈上肌和冈下肌

3．小圆肌和大圆肌

4．肩胛下肌

（二）臂肌（前群→后群）

1．肱二头肌

2．喙肱肌

3．肱肌

4．肱三头肌

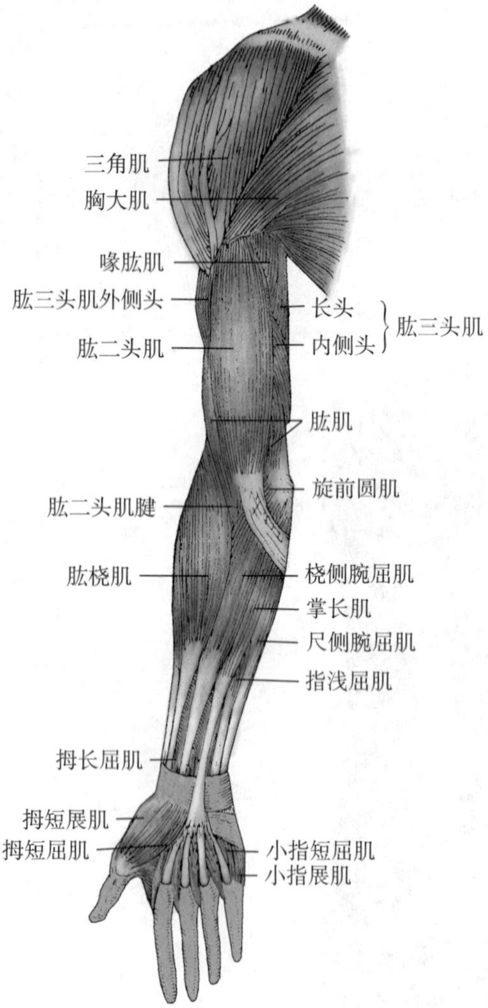

A. 前面观

图 5-10　上肢前面浅层肌

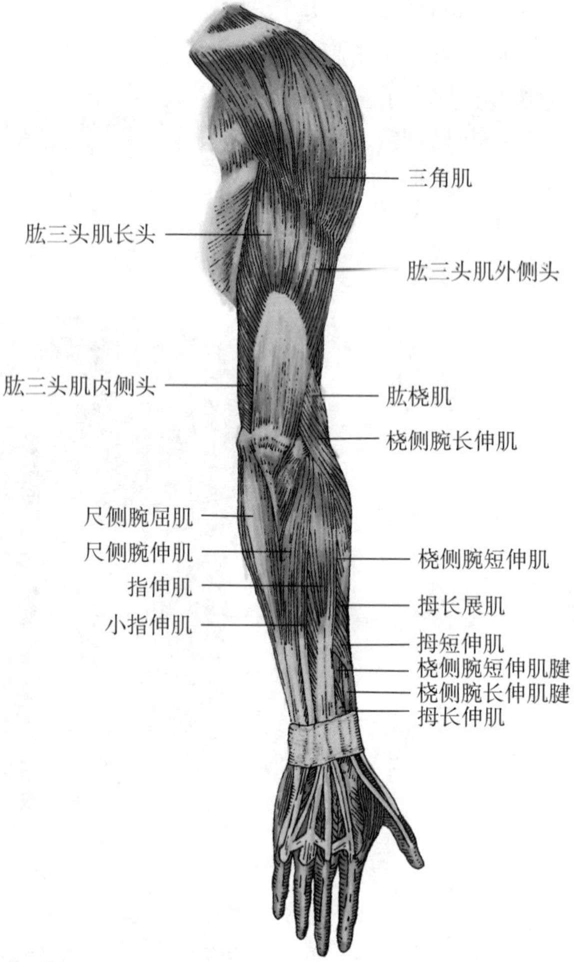

B. 后面观

图 5-11　上肢后面浅层肌

（三）前壁肌（前群 4 层→后群 2 层）

1．前群第一层：肱桡肌、旋前圆肌、桡侧腕屈肌、掌长肌、尺侧腕屈肌。

2．前群第二层：指浅屈肌

3．前群第三层：拇长屈肌、指深屈肌

4．前群第四层：旋前方肌

5．后群第一层：桡侧腕长伸肌、桡侧腕短伸肌、指伸肌、小指伸肌、尺侧腕伸肌。

6．后群第二层：旋后肌、拇长展肌、拇短伸肌、拇长伸肌、示指伸肌。

（四）手肌

1．外侧群：拇短展肌、拇短屈肌、拇对掌肌、拇收肌。

2．内侧群：小指展肌、小指短屈肌、小指对掌肌。

3．中间群：蚓状肌、骨间掌侧肌、骨间背侧肌。

五、下肢肌（图 5-12、图 5-13）

（一）髋肌

1．髂腰肌：由腰大肌和髂肌组成。

2．臀大肌：用于肌内注射。

3．臀中肌

4．臀小肌

5．梨状肌

（二）大腿肌

1．缝匠肌：长带状，是全身最长的肌。

2．股四头肌：大腿前群肌，有 4 个头，即股直肌、股内侧肌、股外侧肌和股中间肌。

3．内侧群：耻骨肌、长收肌、股薄肌、短收肌、大收肌。

4．后群：股二头肌、半腱肌、半膜肌。

（三）小腿肌

1．前群肌（图 5-14）：胫骨前肌、跗长伸肌、趾长伸肌。

2．外侧群（图 5-14）：腓骨长肌、腓骨短肌。

3．后群（图 5-15）：小腿三头肌、腓肠肌、比目鱼肌、腘肌、趾长屈肌、踇长屈肌、胫骨后肌。

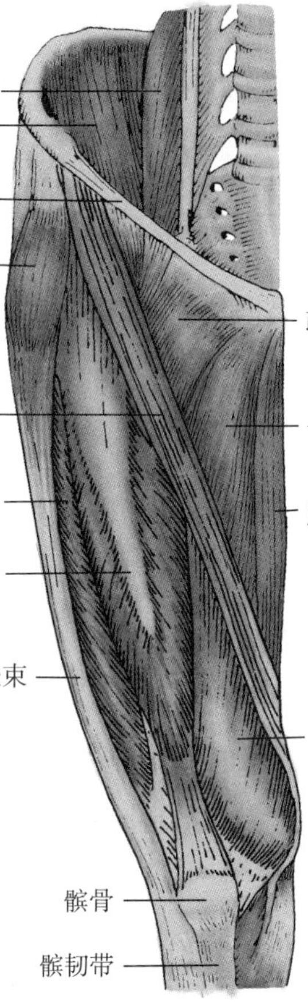

图 5-12　下肢前面浅层肌

（四）足肌

1．足背肌：踇短伸肌、趾短伸肌。

2．足底肌：踇展肌、踇短屈肌、踇收肌、小趾展肌、小趾短屈肌、趾短屈肌、足底方肌、蚓状肌、骨间足底肌、骨间背侧肌。

【实验过程】

1．教师利用各部骨骼肌及大体标本并结合挂图示教，讲解骨骼肌形态分类、肌的构造、肌的起止点。

2．学生分组识别各肌的重要内容。

【实验反思】

1．简述胸锁乳突肌的起止点。当一侧胸锁乳突肌损伤时会出现哪些临床表现？

2．简述参与呼吸运动的肌肉有哪些？最主要的呼吸肌是什么，有哪些重要结构通过？

3．常选取的肌内注射部位在哪里？

4．膝跳反射敲击的部位是哪里？

5．阑尾炎手术时，从外向内切开腹壁哪些层次？

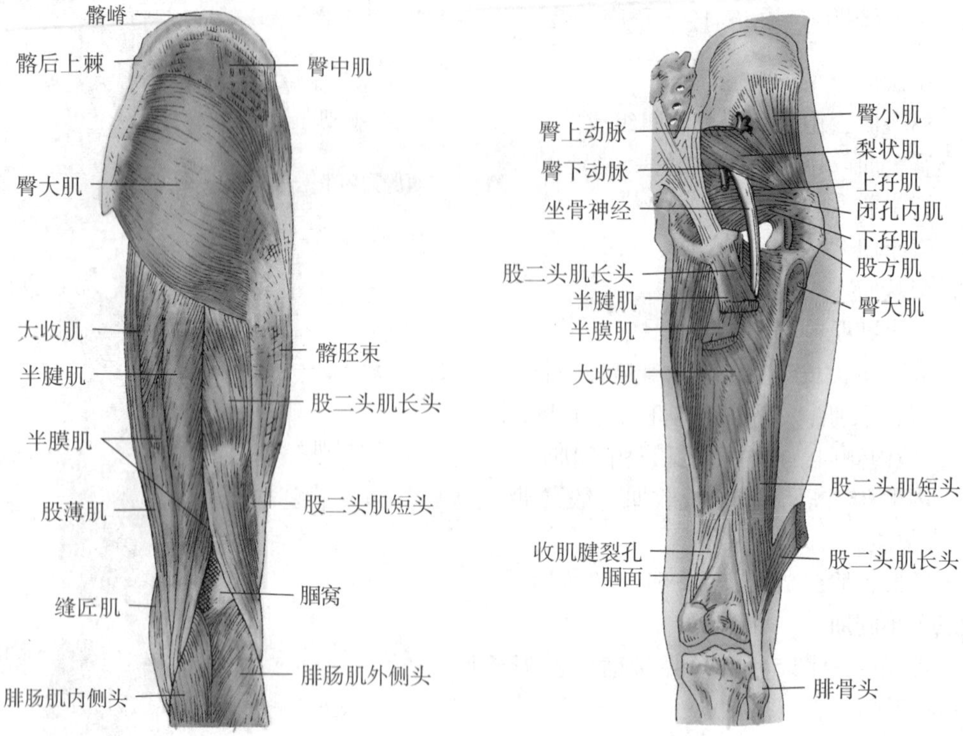

图 5-13　下肢后面

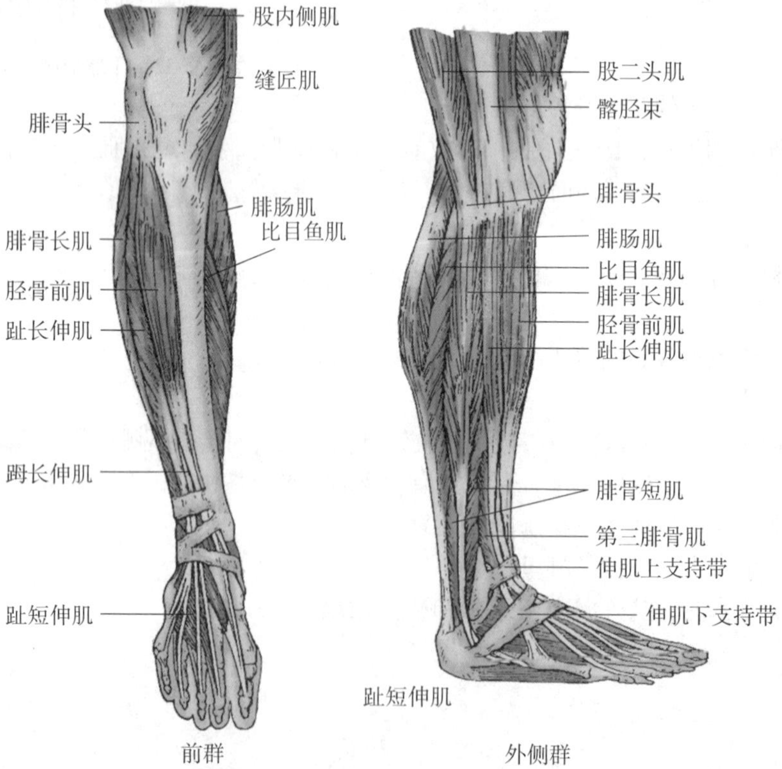

图 5-14　小腿前群、外侧群

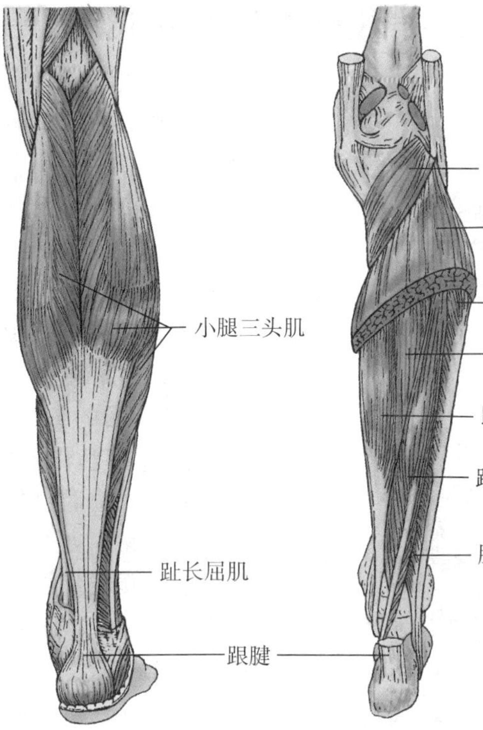

图 5-15　小腿后群

（宋　斌）

实验六　消化系统大体结构、腹膜

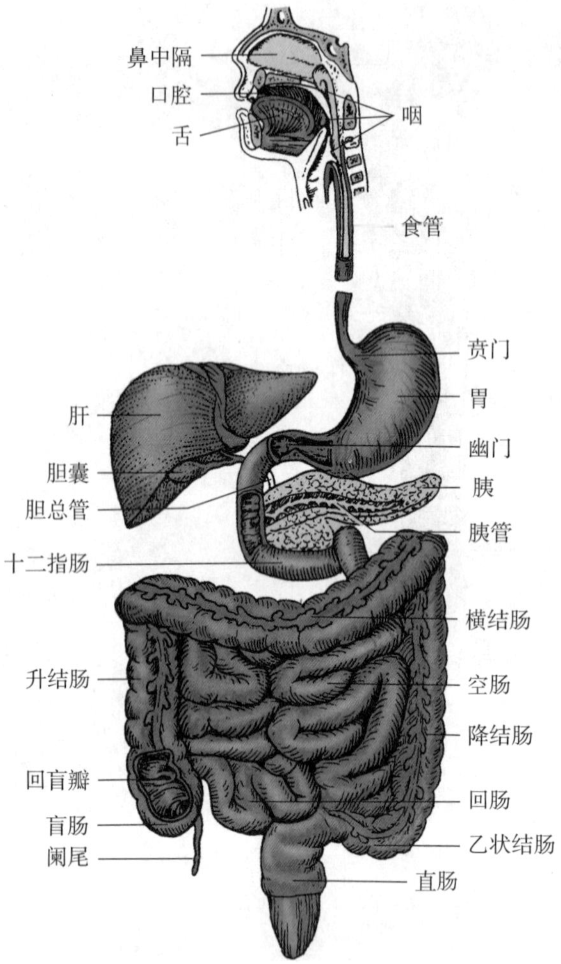

图 6-1　消化系统概观

【内容回顾】

消化系统包括消化管和消化腺两部分（图 6-1）。

腹膜由间皮和少量的结缔组织构成，衬于腹、盆壁内面，并包被腹腔和盆腔脏器的表面，呈半透明，表面光滑，属于浆膜。

腹膜腔是脏壁腹膜相互移行围成不规则的潜在性间隙。

【实验目的】

1．掌握消化系统的组成；上、下消化道的概念；口腔结构；食管的生理性狭窄及距中切牙的距离；胃的分部；十二指肠的形态及重要结构；阑尾的形态结构及阑尾根部的体表投影；直肠、肛管的形态结构；肝的位置、形态、胆囊的功能、胆囊底的体表投影、胆汁的排泄途径。

掌握腹膜腔的概念。

2．熟悉空肠、回肠的结构；结肠的分部；胰腺的形态结构。

熟悉腹膜与腹腔、盆腔脏器的关系。

熟悉腹膜形成的结构（网膜、系膜、韧带、隐窝和陷凹）。

3．了解消化器官在临床中的应用。

【实验材料】

1．标本：消化系统全套标本、整具大体标本、瓶装标本。

2．挂图：消化系统全套挂图及各个消化器官挂图。

【实验内容】

一、消化管

（一）口腔（图 6-2、图 6-3、图 6-4）

1．咽峡：腭垂、腭帆游离缘、两侧的腭舌弓及舌根共同围成咽峡，是口腔和咽的分界。

2．舌乳头：轮廓乳头、叶状乳头（已退化）、菌状乳头和丝状乳头（无味蕾）。

3．牙：牙的形态和构造、牙的种类和排列、牙周组织。

4．唾液腺：腮腺（导管开口于上颌第二磨牙对应的颊黏膜处）、下颌下腺（导管开口于舌下阜）、舌下腺（大导管开口于舌下阜，小导管开口于舌下襞）。

（二）咽

分为鼻咽、口咽和喉咽三部分（图 6-5）。

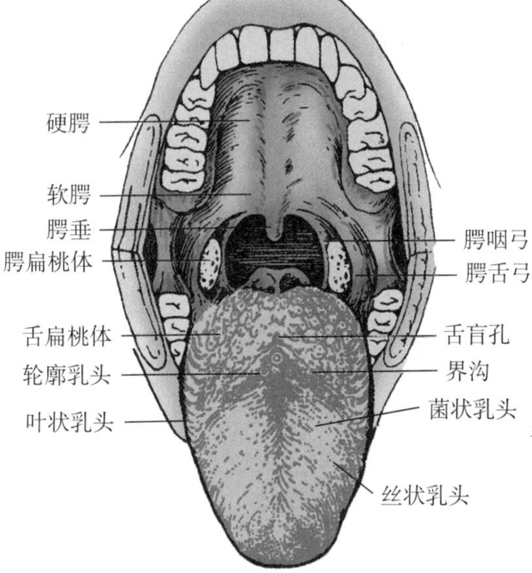

图 6-2　口腔与咽峡

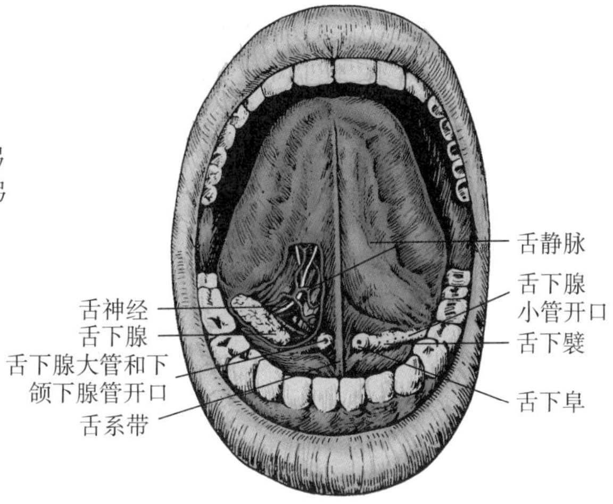

图 6-3　口腔底

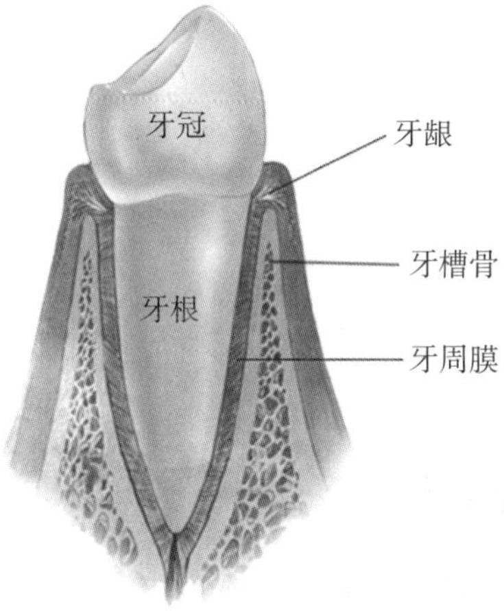

图 6-4　牙的形态、牙周组织

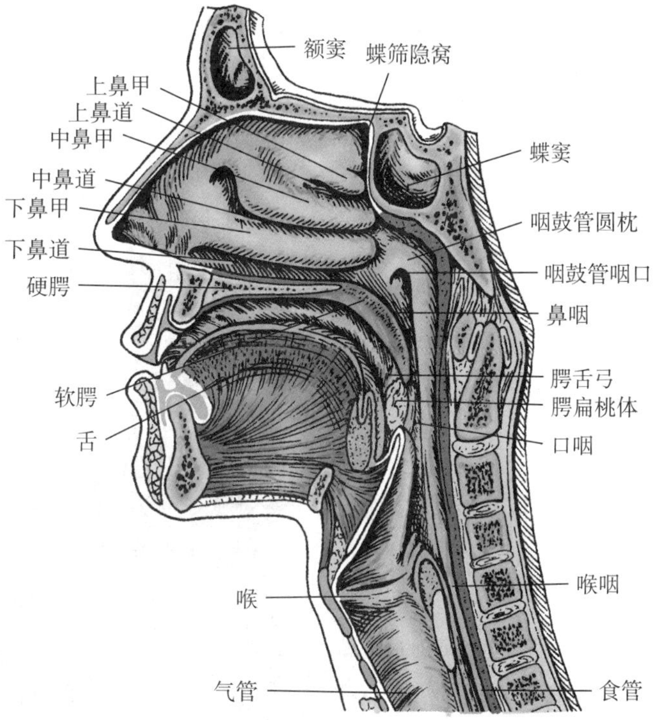

图 6-5　头颈部的正中矢状切面

（三）食管

三处生理性狭窄：第一处位于食管起始部，距离中切牙 15 cm；第二处位于与左主支气管交叉处，距离中切牙 25 cm；第三处位于穿膈处，距离中切牙 40 cm。

（四）胃

可分为贲门部、胃底、胃体和幽门部四部分（图 6-6）。

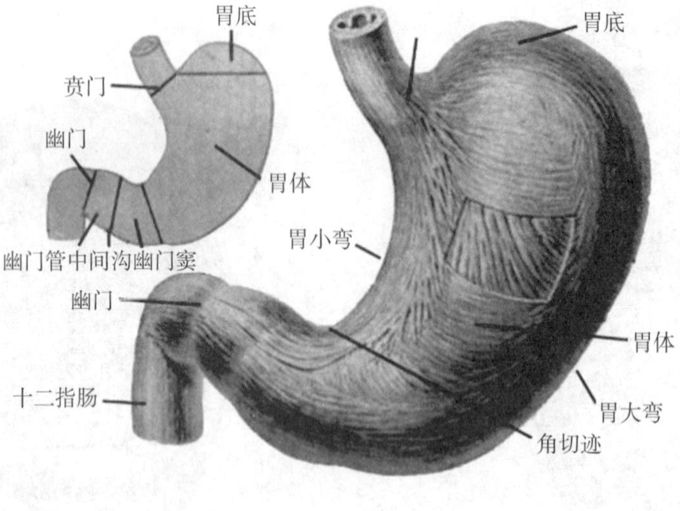

图 6-6　胃的肌层和分部

（五）小肠

十二指肠：分为上部（十二指肠球）、降部（十二指肠大乳头是胆总管和胰管的共同开口）、水平部和升部（十二指肠悬韧带为确定空肠起始的标志）四部分（图 6-7）。

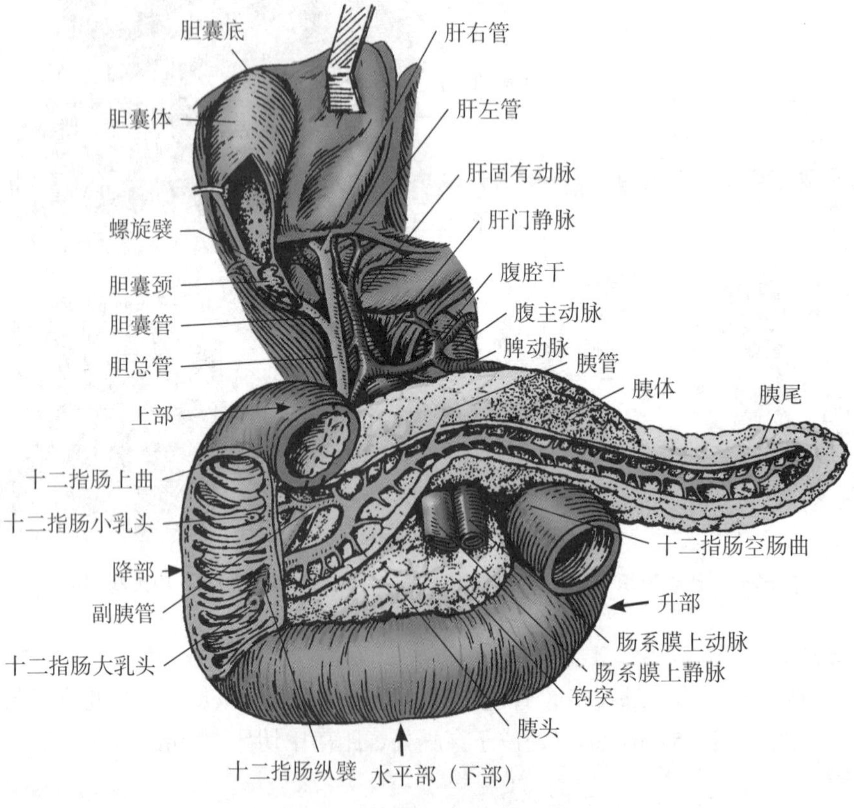

图 6-7　十二指肠和胰腺前面观

（六）大肠

1．结肠和盲肠具有的特征性结构：结肠带、结肠袋和肠脂垂。

2．麦氏点：即阑尾根部的体表投影，在右髂前上棘与脐连线的中、外 1/3 交点处。

3．结肠分部：升结肠、横结肠、降结肠和乙状结肠。

4．直肠的生理性弯曲：直肠骶曲和直肠会阴曲。

5．肛管，见图 6-8。

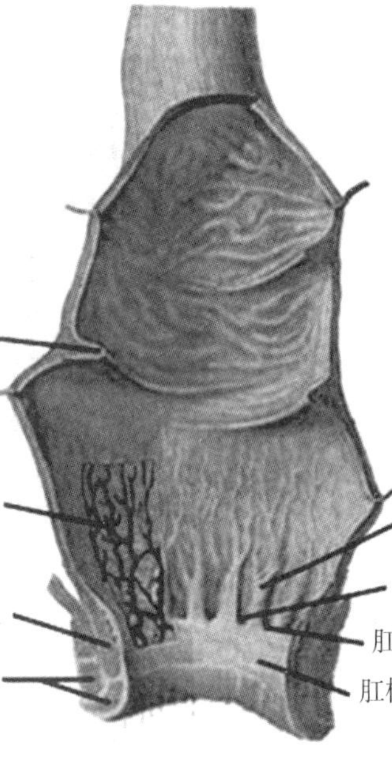

图 6-8　直肠和肛管内面观

二、消化腺

（一）肝（图 6-9、图 6-10）

1．肝的膈面：分为肝左叶和肝右叶。

2．肝的脏面：分为肝左叶、肝右叶、方叶和尾状叶。

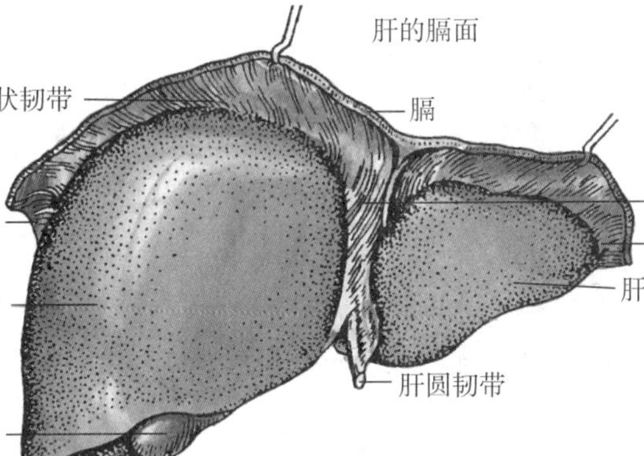

图 6-9　肝的膈面

3．肝门

4．肝的韧带：冠状韧带、镰状韧带、肝圆韧带（胎儿时期脐静脉闭锁的遗迹）、静脉韧带（胎儿时期静脉导管闭锁而成）等。

（二）胆

1．胆囊的功能：浓缩和贮存胆汁。

2．胆道系统，见图 6-11。

（三）胰腺

分为头、体和尾三部分。

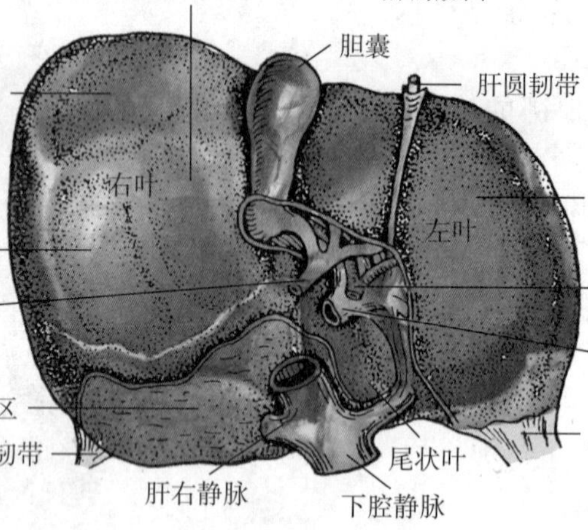

图 6-10　肝的脏面

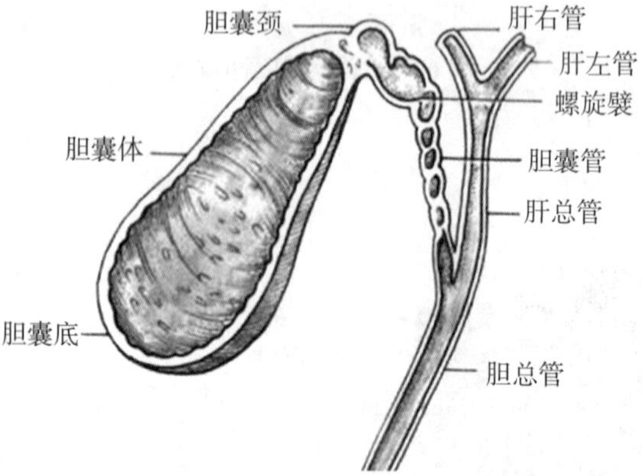

图 6-11　胆囊与输胆管道模式图

三、腹膜与腹腔、盆腔脏器的关系（图 6-12）

1．腹膜内位器官：胃、十二指肠上部和升部、空肠、回肠等。

2．腹膜间位器官：肝、胆囊、升结肠、降结肠、膀胱和子宫等。

3．腹膜外位器官：肾、肾上腺、输尿管、胰、十二指肠降部及下部等。

四、腹膜形成的结构

1．网膜：小网膜、大网膜、网膜囊。

2．系膜：肠系膜、阑尾系膜、横结肠系膜、乙状结肠系膜。

3．韧带：肝的韧带（镰状韧带、冠状韧带、左、右三角韧带）、脾的韧带（胃脾韧带、脾肾韧带）。

4．隐窝和陷凹：肝肾隐窝、直肠膀胱陷凹（男性站位或坐位腹膜腔最低部位）、膀胱子宫陷凹、直肠子宫陷凹（又称 Douglas 腔，女性站位或坐位腹膜腔最低部位）。

【实验过程】

1．教师利用消化系统各器官标本并结合挂图示教，讲解各器官位置、形态与结构。

2．学生分组识别各器官重要结构。

【实验反思】

1．简述唾液腺都有哪几对，以及导管开口的位置。

2．简述食管的三处生理性狭窄。

3．简述胃的分部。

4．简述结肠的分部。

5．什么是麦氏点？

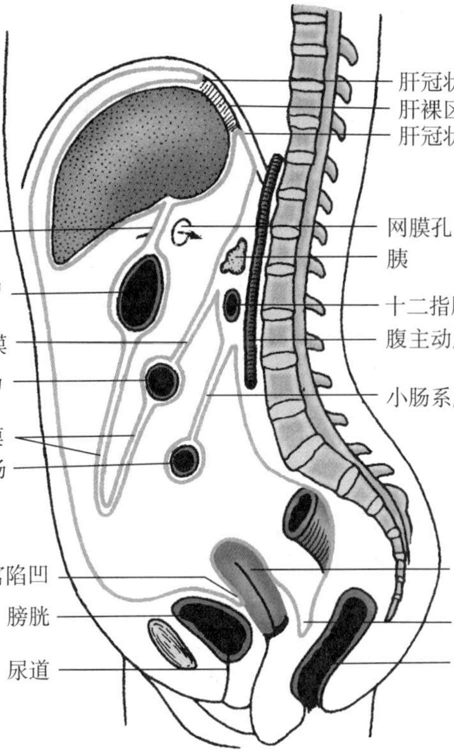

图 6-12　腹膜的配布（矢状切面）

6．结肠和盲肠的特征性结构是什么？

7．消化性溃疡的好发部位在哪里？

8．试述胆汁的产生及排除途径。

9．简述肝的分叶。

（潘　琦）

实验七　呼吸、泌尿、生殖系统大体结构

【内容回顾】

1．呼吸系统由呼吸道和肺组成。呼吸道包括上呼吸道（鼻、咽、喉）和下呼吸道（气管、支气管）（图 7-1）。

2．泌尿系统由肾、输尿管、膀胱和尿道组成（图 7-2）。

3．生殖系统包括内生殖器和外生殖器两部分；内生殖器由生殖腺（睾丸 / 卵巢）、生殖管道（男性附睾、输精管、射精管和尿道 / 女性输卵管、子宫、阴道）和附属腺（精囊、前列腺、尿道球腺 / 前庭大腺）组成。外生殖器以两性交媾器官为主，男性外生殖器为阴茎和阴囊，女性外生殖器即女阴（图 7-2）。

【实验目的】

1．掌握呼吸系统的组成，上、下呼吸道的概念。

掌握鼻旁窦的名称及开口位置。

掌握喉的位置、主要喉软骨的名称、喉腔的形态和分部。

掌握左、右主支气管的形态、特点和意义。

掌握肺的形态、位置，肺门、肺根的结构。

掌握胸膜与胸膜腔的概念。

掌握纵隔的概念。

掌握泌尿系统的组成及功能。

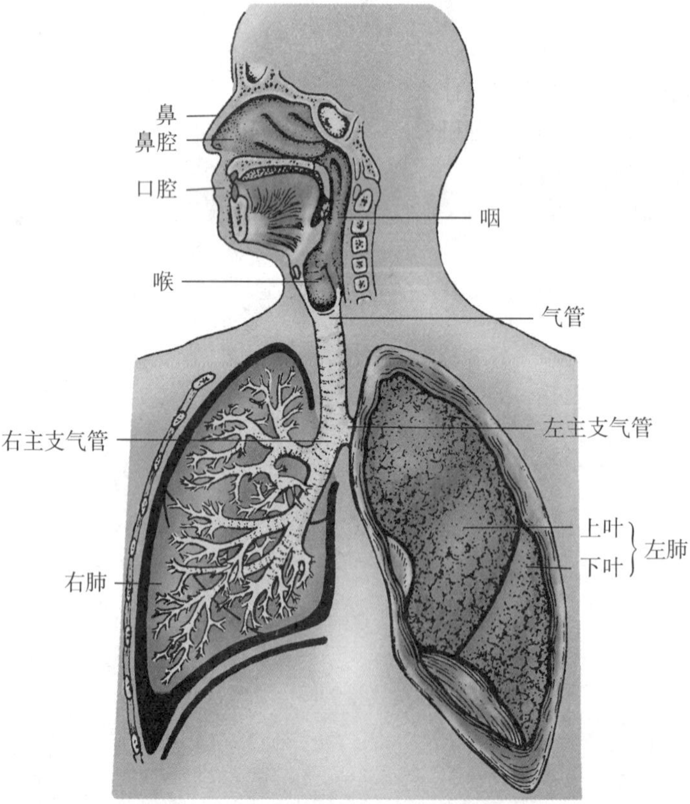

图 7-1　呼吸系统概观

掌握输尿管的形态、分部及狭窄部位。

掌握膀胱的位置、形态、膀胱三角的位置及黏膜特点。

掌握男、女性尿道的特点、开口及临床意义。

掌握生殖系统的组成。

掌握输精管与输卵管的分部及结扎部位。

掌握子宫的位置、形态、分部及其固定装置。

2．熟悉肺段支气管与支气管肺段的概念。

熟悉壁胸膜的分部和肋膈隐窝的概念。

熟悉肺和胸膜的体表投影。

熟悉肾的内部结构、被膜。

熟悉膀胱的毗邻与腹膜的关系。

熟悉前列腺的结构及与年龄变化关系。

熟悉乳房的位置、形态结构。

3．了解女性外阴的形态结构；会阴的位置、分部及其通过的结构。

【实验材料】

1．标本：呼吸、泌尿、生殖系统各部分瓶装标本及完整大体标本。

2．挂图：呼吸、泌尿、生殖系统全套挂图。

【实验内容】

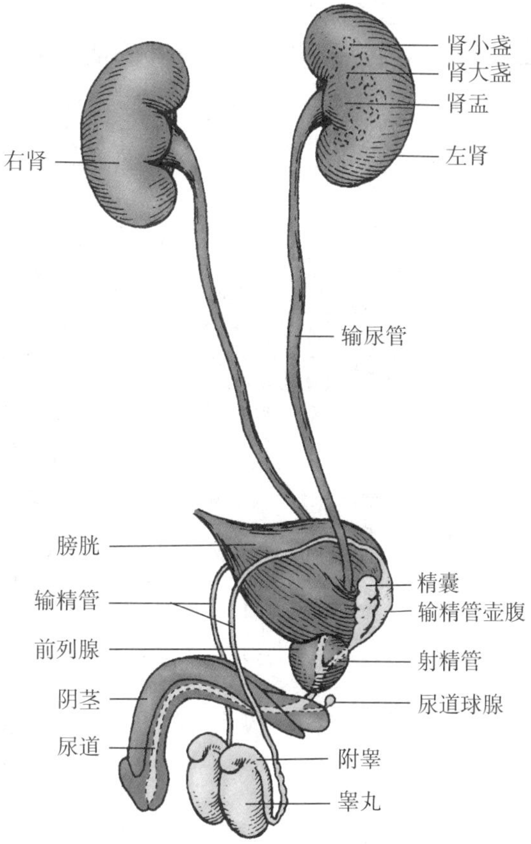

图 7-2　泌尿系统、生殖系统概观

一、呼吸系统

（一）鼻（图 7-3）

鼻旁窦：额窦（开口于中鼻道）、筛窦（前、中群开口于中鼻道，后群开口于上鼻道）、蝶窦（开口于蝶筛隐窝）、上颌窦（开口于中鼻道）。

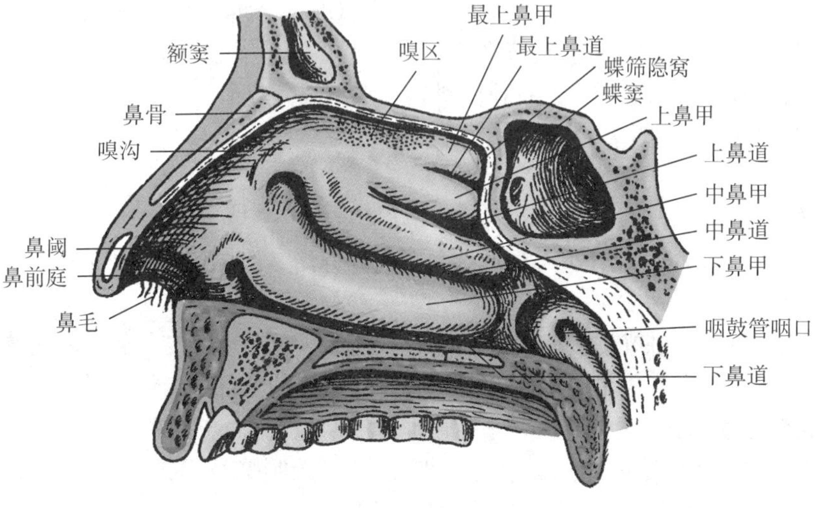

图 7-3　鼻腔外侧壁

（二）喉（图 7-4、图 7-5）

1．喉软骨：甲状软骨、环状软骨（唯一完整的喉软骨）、会厌软骨、勺状软骨。

2．喉连接：甲状舌骨膜、环甲关节、环杓关节、弹性圆锥等。

3．喉腔：借前庭襞和声襞将喉腔从上至下分成喉前庭、喉中间腔和声门下腔。

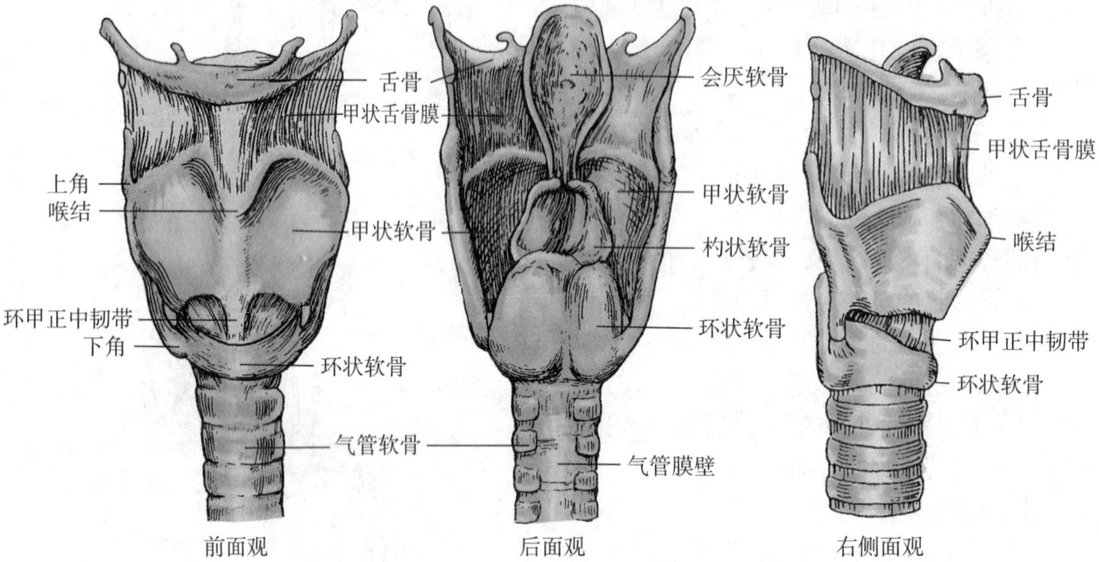

图 7-4　喉软骨及连结（前面）　　**图 7-5　喉软骨及连结（后面）**

（三）气管（图 7-6）

气管切开术常在第 3 ～ 5 气管软骨环处实施。

1．左主支气管：细而长，3 ～ 5 cm，走行平缓。

2．右主支气管：粗而短，2 ～ 3 cm，走行陡直。

（四）肺

1．形态：一尖（肺尖）、一底（肺底）、三面（肋面、纵隔面、膈面）、三缘（前缘、下缘和后缘，左肺前缘下部有心切迹）（图 7-7）。

左肺借斜裂分成上、下两叶；右肺借斜裂和水平裂分成上、中、下三叶。

（1）肺门（图 7-8、图 7-9）：

（2）肺根：

2. 支气管肺段

（1）肺叶支气管：在肺门处，左、右主支气管分出 2 级支气管，进入肺叶，称为肺叶支气管。

（2）肺段支气管：肺叶支气管进入肺叶后，陆续再分出次级支气管，称为肺段支气管。

（3）支气管肺段：每一肺段支气管及其分支分布区的全部肺组织的总称。

（五）胸膜（图 7-10）

1．胸膜：衬贴于胸壁内面、膈上面、纵隔两侧面和肺表面等部位的一层浆膜。

2．壁胸膜：肋胸膜、膈胸膜、纵隔胸膜、胸膜顶。

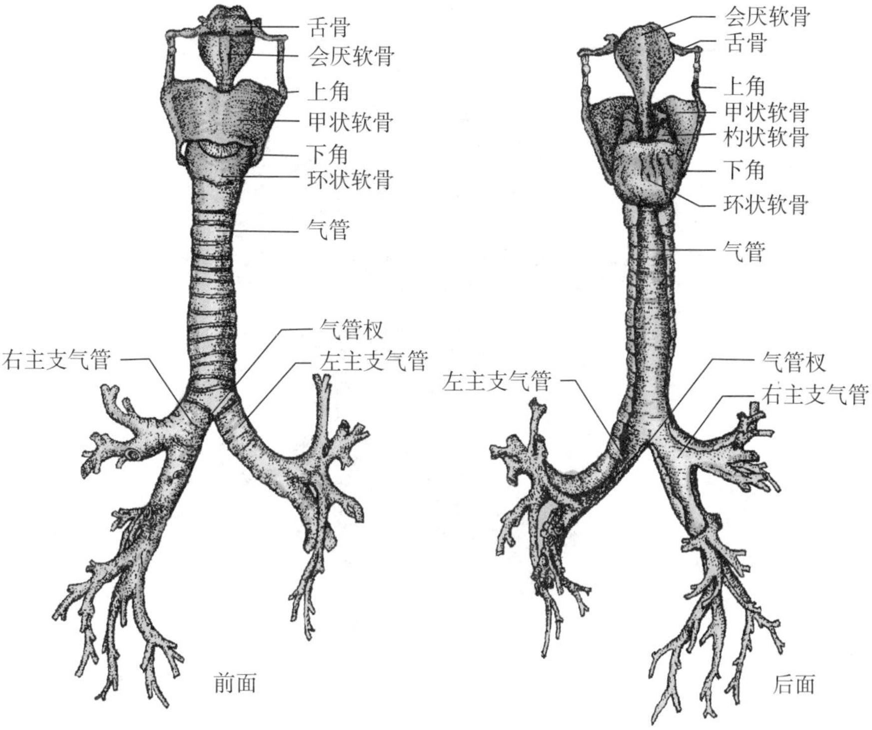

图 7-6　气管与支气管

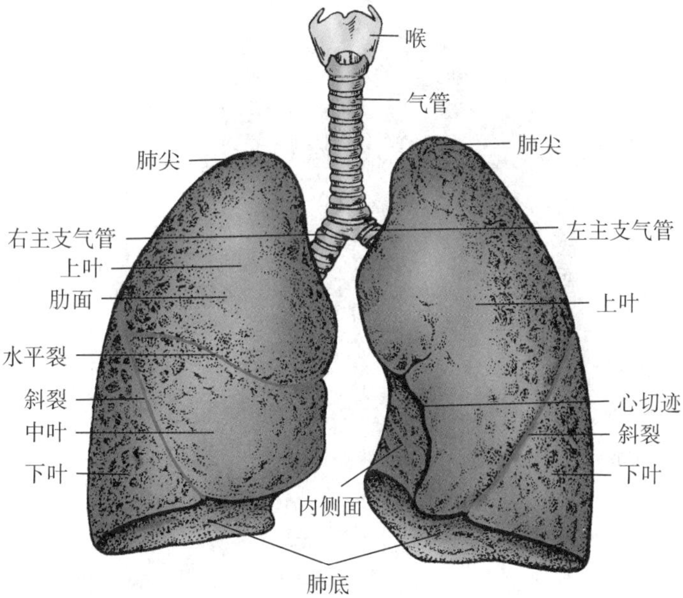

图 7-7　气管、主支气管和肺

3．胸膜腔。

4．肋膈隐窝：由肋胸膜与膈胸膜返折形成，仰卧位此处最低，积液常积存于此处。

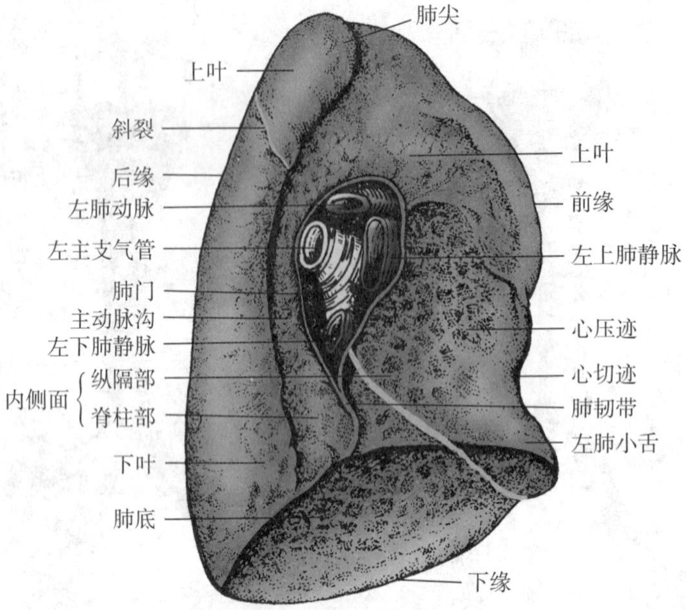

A. 肺纵隔面（左肺）

图 7-8　左肺内面

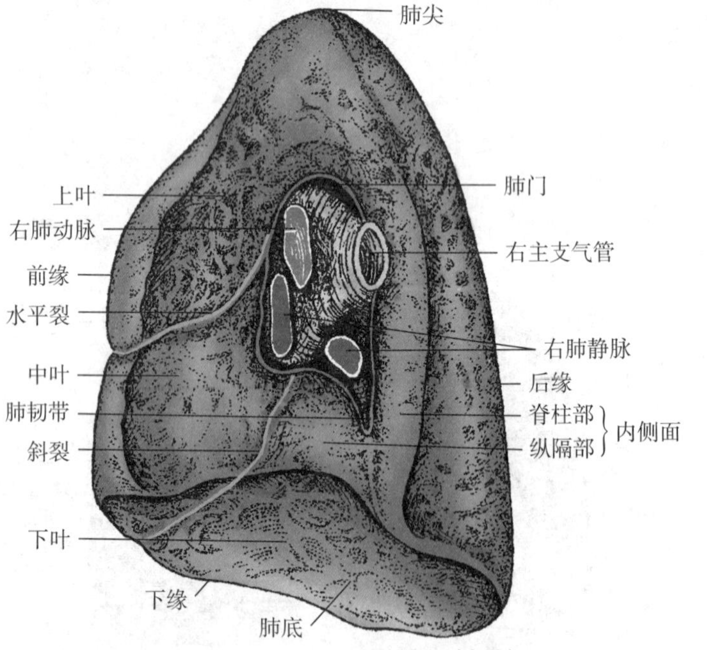

B. 肺纵隔面（右肺）

图 7-9　右肺内面

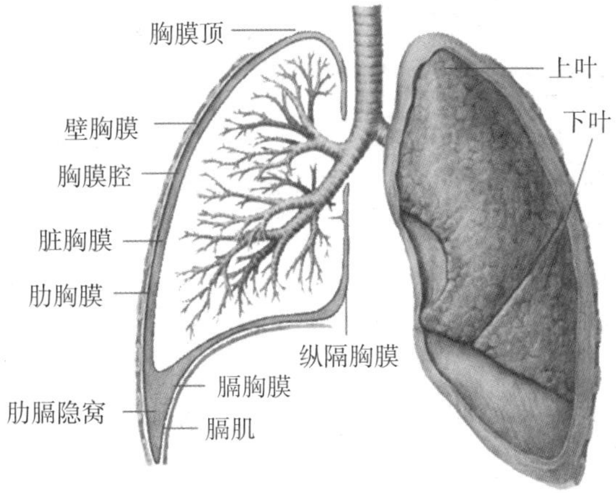

图 7-10　胸膜与腹膜腔示意图

（六）胸膜及肺的体表投影（图 7-11、表 7-1）

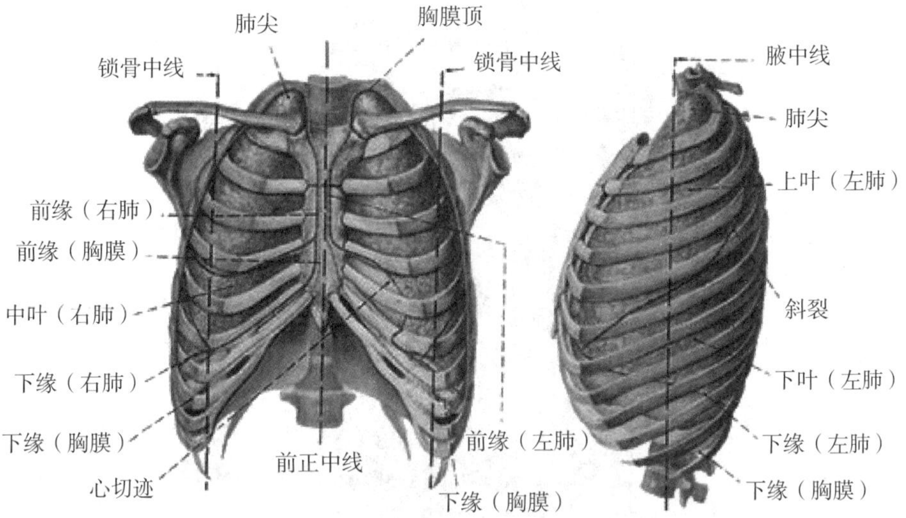

图 7-11　胸膜及肺的体表投影（前面观和左侧面观）

表 7-1　胸膜及肺的体表投影

名称	锁骨中线	腋中线	肩胛线	胸椎
胸膜	第 8 肋	第 10 肋	第 11 肋	第 12 胸椎
肺	第 6 肋	第 8 肋	第 10 肋	第 11 胸椎

（七）纵隔

两侧纵隔胸膜之间全部组织和器官的总称（图 7-12）。

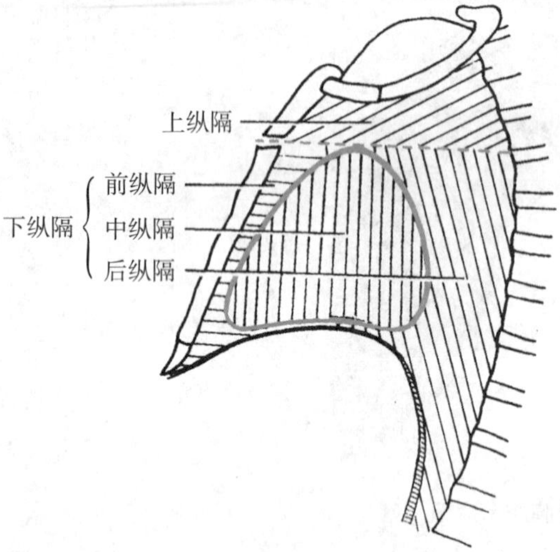

图 7-12　纵隔分区示意图

二、泌尿系统

（一）肾

1．肾蒂内结构位置关系：从上到下依次为肾动脉、肾静脉和肾盂；从前到后依次为肾静脉、肾动脉和肾盂。

2．肾区：肾门的体表投影点位于腰背部竖脊肌外侧缘与第 12 肋的夹角处，称为肾区。

3．肾的结构：肾皮质（肾小体与肾小管组成）、肾髓质（肾锥体、肾乳头、肾小盏、肾柱、肾大盏、肾盂）（图 7-13）。

4．肾的被膜：由内向外为纤维囊、脂肪囊和肾筋膜（图 7-14）。

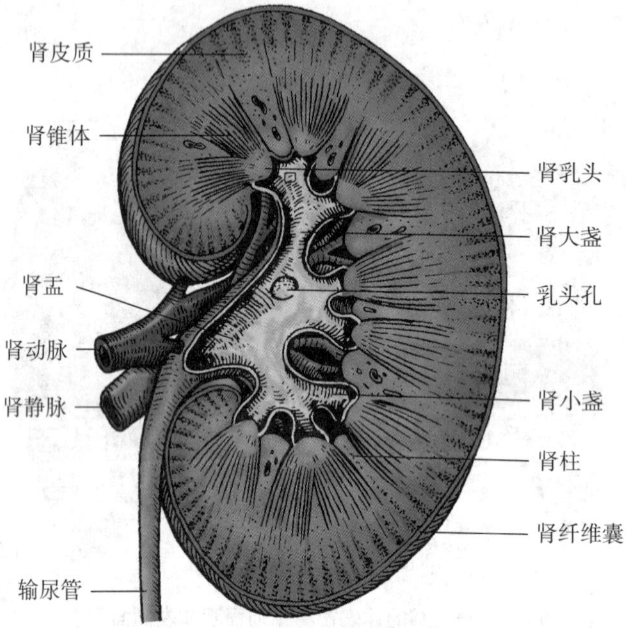

图 7-13　肾的剖面结构

（二）输尿管

狭窄：

上狭窄：也称起始处，位于肾盂与输尿管移行处。

中狭窄：位于跨过髂血管处。

下狭窄：位于穿越膀胱壁处，也就是输尿管的壁内部。

（三）膀胱（图 7-15、图 7-16）

膀胱三角。

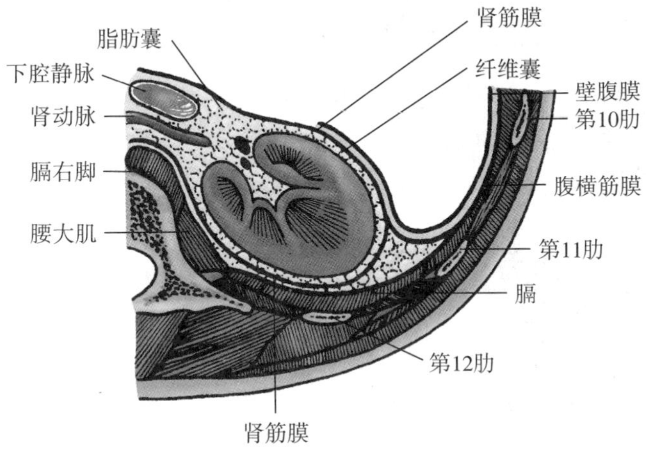

（平第 1 腰椎的横断面，上面观）

A

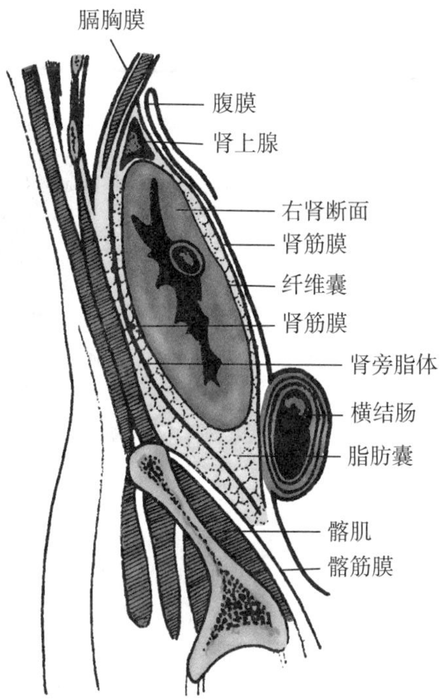

（经右肾和肾上腺的纵断面，右面观）

B

图 7-14　肾的被摸（横断面）

（四）尿道

女性尿道：宽、短、直（图 7-17）。

三、男性生殖系统（图 7-2）

（一）睾丸

（二）附睾

（三）输精管

睾丸部、精索部（结扎部位）、腹股沟管部、盆部。

（四）男性生殖腺

前列腺：前叶、中叶、后叶和两侧叶。

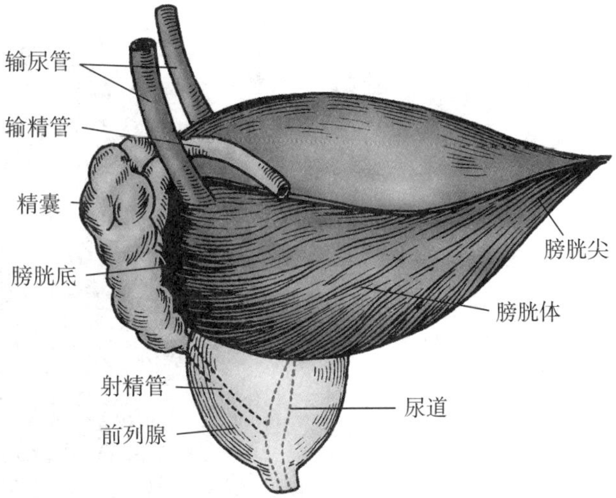

图 7-15　膀胱和前列腺内面观

（五）阴茎

两条阴茎海绵体和一条尿道海绵体组成。

（六）男性尿道

1．分部：前列腺部、膜部、海绵体部。

2．狭窄：尿道内口、尿道膜部和尿道外口（最狭窄）。

3．弯曲：耻骨下弯、耻骨前弯。

4．膨大：尿道前列腺部、尿道球部、舟状窝。

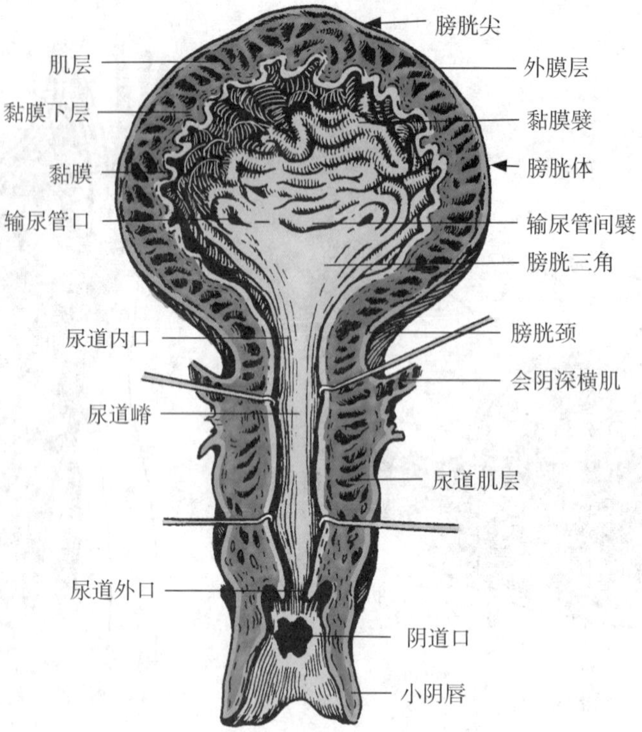

图 7-16　男性盆腔正中矢状切面

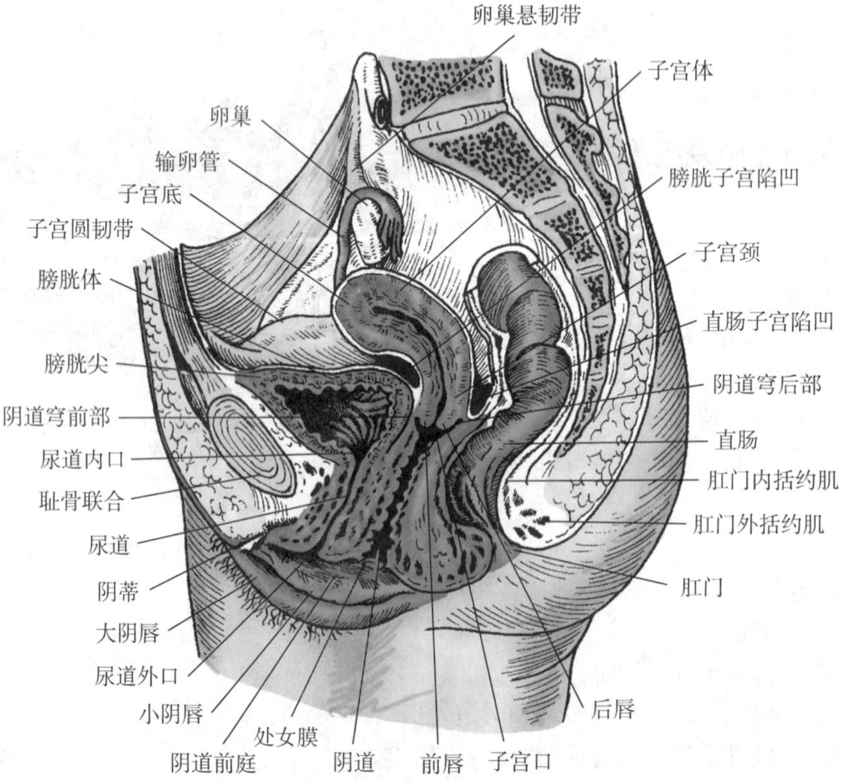

图 7-17　女性盆腔正中矢状切面

四、女性生殖系统（图 7-18、图 7-19）

（一）卵巢

（二）输卵管

输卵管子宫部、输卵管峡（结扎部位）、输卵管壶腹（精卵结合处）、输卵管漏斗。

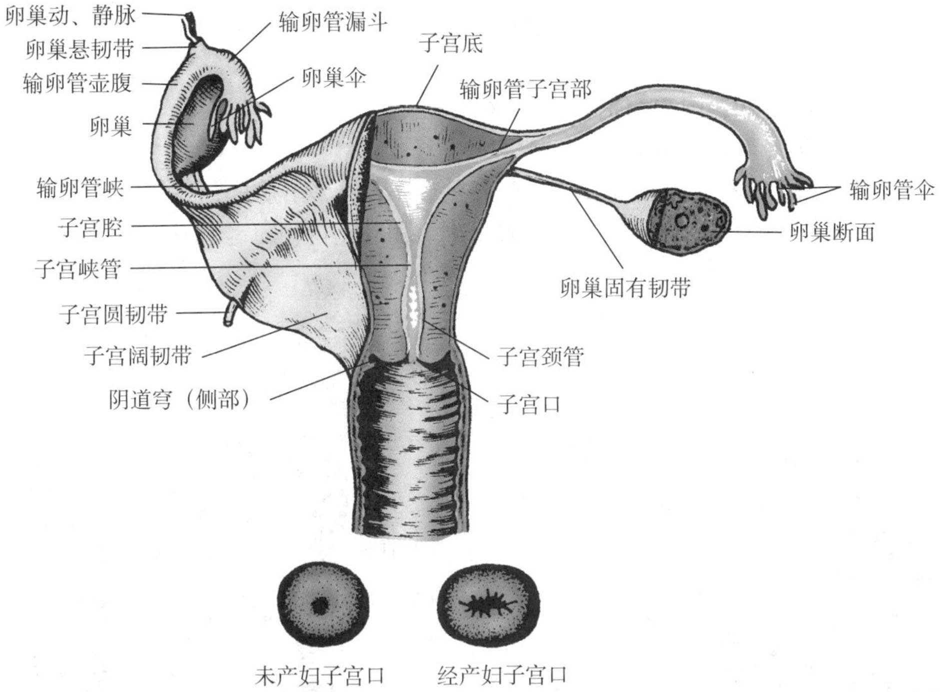

图 7-18　女性内生殖器

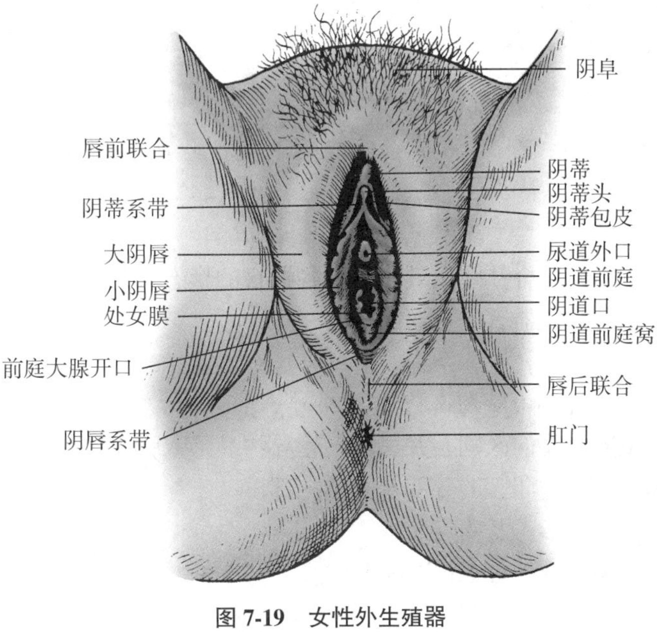

图 7-19　女性外生殖器

（三）子宫

1．位置：小骨盆的中央，前倾前屈位。

2．形态：分为子宫底、体、颈三部分。

3．子宫固定装置：子宫阔韧带、子宫圆韧带、子宫主韧带和子宫骶韧带。

（四）阴道

（五）外生殖器

阴阜、阴蒂、大阴唇、小阴唇、阴道前庭和前庭球。

（六）会阴

（七）乳房（图 7-20、图 7-21）

1．形态：乳头、乳晕等结构。

2．乳房悬韧带：又称 Cooper 韧带，胸壁浅筋膜不仅形成乳腺的包囊，而且发出许多小的纤维束，向深面连与胸筋膜，在前面连于皮肤，对乳房起支持和固定作用，称为乳房悬韧带。

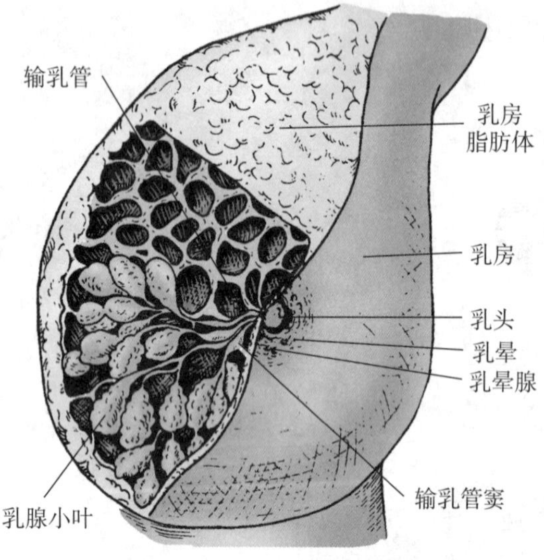

图 7-20　乳房模式图

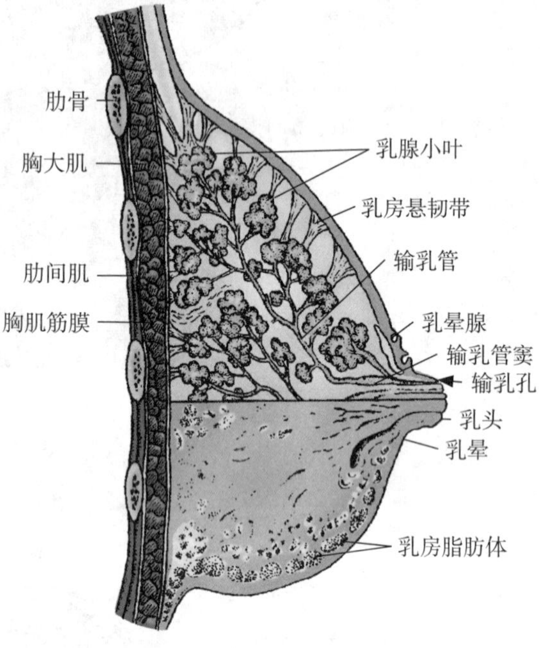

图 7-21　乳房矢状切面

【实验过程】

1．教师利用各标本并结合挂图示教，讲解各器官的形态与结构。

2．学生分组识别各系统器官的重要结构。

【实验反思】

1．什么是纵隔、膀胱三角、胸膜腔？

2．简述左、右主支气管的区别，并思考气管异物易坠入哪一侧。

3．分别简述输精管、输卵管的分部及其结扎部位。

4．简述子宫的位置、形态及固定装置。

5．泌尿系统结石易嵌顿的位置都有哪些？

（潘　琦）

实验八　脉管系统大体结构

【内容回顾】

脉管系统包括心血管系统和淋巴系统。心血管系统包括心、动脉、毛细血管和静脉。淋巴系统包括淋巴管道、淋巴器官和淋巴组织（图 8-1）。

1．血液循环：血液由心室射出，经过各级动脉分支到达毛细血管，再经各级静脉返回到心房，如此周而复始不停地循环流动过程。

2．微循环：微动脉到微静脉之间的血液循环。包括微动脉、后微动脉、毛细血管前括约肌、真毛细血管、直捷通路、微静脉六个部分。

【实验目的】

1．掌握心血管系统的组成，血液循环、大小循环途径。

掌握心的位置、形态，心腔结构，心传导系，左、右冠状动脉的起始和主要分支。

掌握主动脉的起始、行程及其主要的分支。

掌握浅静脉的起始、行程及其主要的属支。

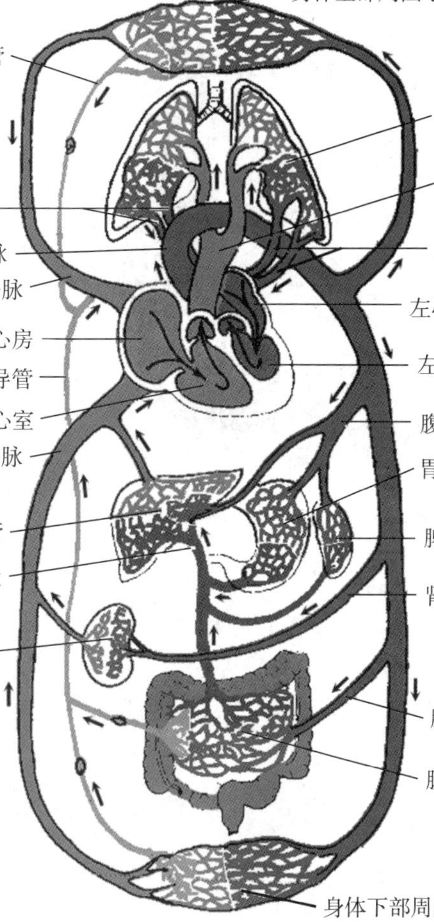

图 8-1　脉管系统示意图

掌握肝门静脉的合成、属支和肝门静脉与上、下腔静脉的吻合部位。

2．熟悉心包的结构，心的体表投影。

3．了解脉管系统在临床中的应用。

【实验材料】

1．标本：脉管系统各部分瓶装标本及完整大体标本。

2．挂图：脉管系统全套挂图。

【实验内容】

一、心

1．外形：一尖、一底、两面（胸肋面和膈面）、三缘（下缘、左缘和右缘）、四沟（冠状沟、前室间沟、后室间沟和后房间沟）（图 8-2、图 8-3）。

心尖搏动点：左第 5 肋间隙与左锁骨中线内侧 1 ～ 2 cm 处。

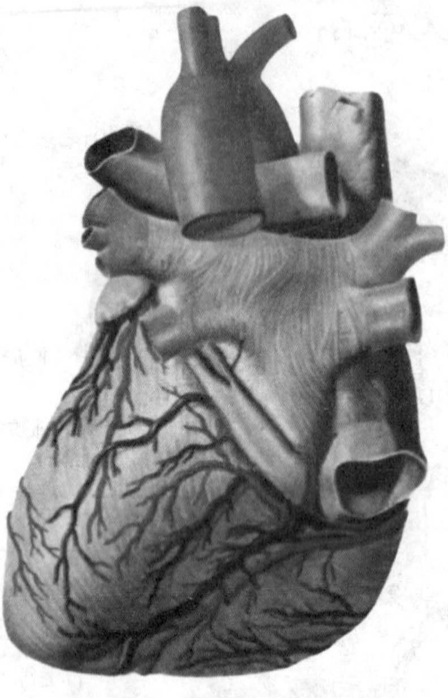

图 8-2　心的外形（胸肋面）

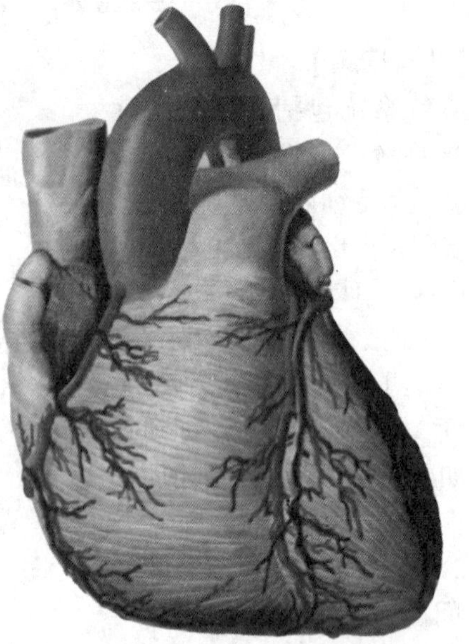

图 8-3　心的外形（膈面）

2．心腔结构（图 8-4、图 8-5）

（1）左心房：左心耳、左房室口，左、右肺上、下静脉口。

（2）左心室：左房室口、二尖瓣、二尖瓣复合体（纤维环、三尖瓣、腱索和乳头肌）、主动脉口、主动脉瓣。

（3）右心房：右心耳、右房室口、冠状窦口，上、下腔静脉口，卵圆窝（胚胎时期卵圆孔闭锁后的遗迹）。

（4）右心室：右房室口、三尖瓣、三尖瓣复合体（纤维环、三尖瓣、腱索和乳头肌）、肺动脉口、肺动脉瓣。

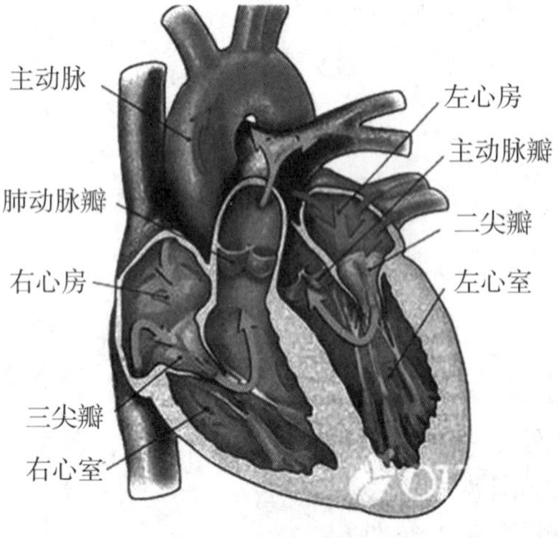

图 8-4　心的内腔结构

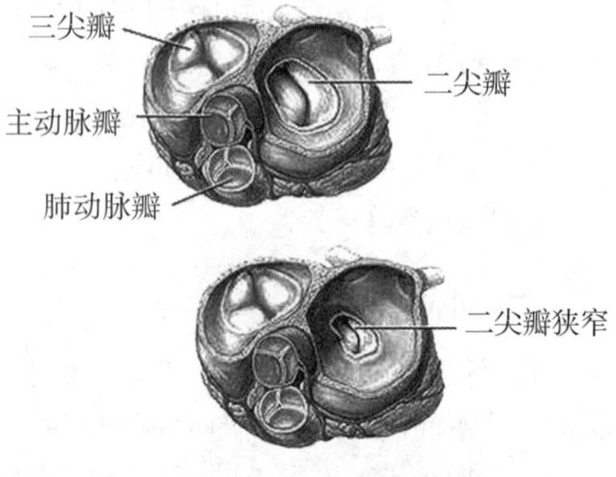

图 8-5　心的瓣膜

3．心的传导：窦房结（心脏正常起搏点）、房室结、房室束、左束支、右束支、浦肯野纤维网。

4．心的血管（图 8-2、图 8-3）：左、右冠状动脉。

5．心包（图 8-6）：纤维心包和浆膜心包。

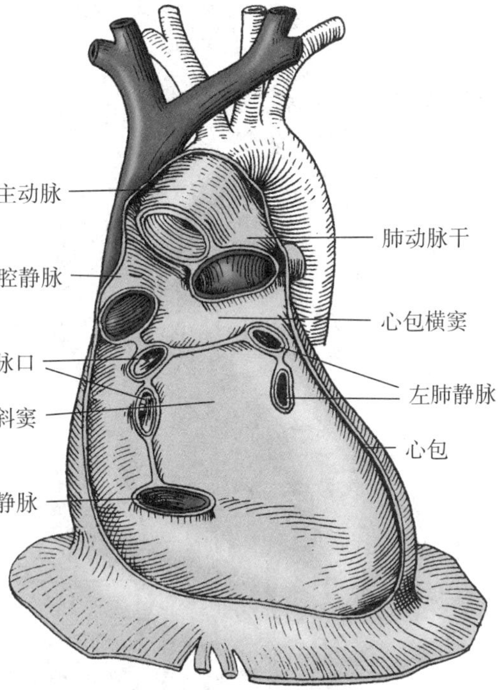

图 8-6　心包

6．心的体表投影

二、动脉

（一）体循环动脉（图 8-7）

1．主动脉弓上的三个分支，从右向左依次为头臂干、左颈总动脉、左锁骨下动脉。

2．颈外动脉及其分支（图 8-8）

3．颈内动脉

4．锁骨下动脉

5．腋动脉、肱动脉、尺动脉、桡动脉（图 8-9）、掌深弓（图 8-10）、掌浅弓（图 8-11）。

6．胸主动脉（图 8-7）

7．腹主动脉（图 8-7）：不成对的脏支包括腹腔干、肠系膜上动脉、肠系膜下动脉。

（1）腹腔干：胃左动脉、肝总动脉、脾动脉。

（2）肠系膜上动脉（图 8-12）：胰十二指肠下动脉、空肠动脉、回肠动脉、回结肠动脉、右结肠动脉、中结肠动脉。

（3）肠系膜下动脉（图 8-12）：左结肠动脉、乙状结肠动脉、直肠上动脉。

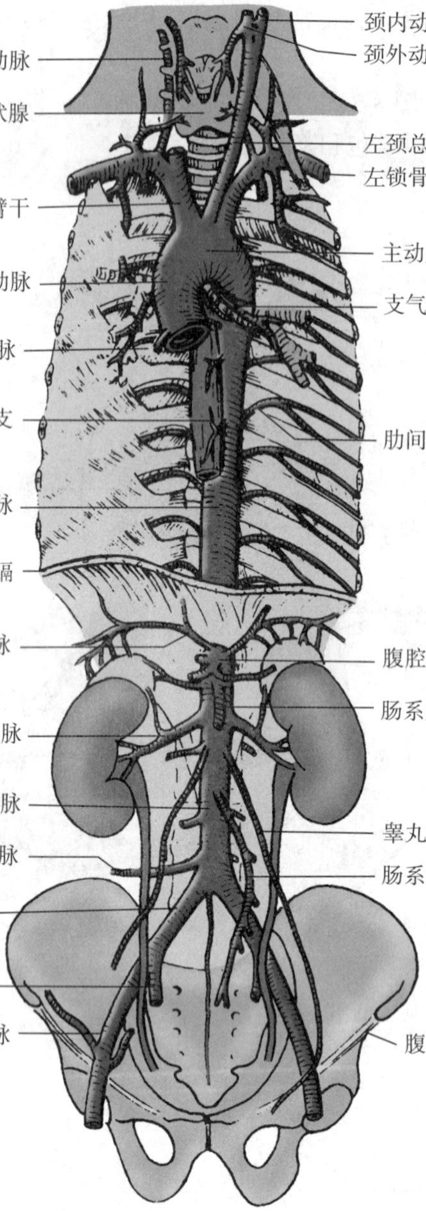
颈内动脉
颈外动脉
椎动脉
甲状腺
左颈总动脉
左锁骨下动脉
头臂干
主动脉弓
升主动脉
支气管支
冠状动脉
食管支
肋间后动脉
胸主动脉
膈
膈下动脉
腹腔干
肠系膜上动脉
肾动脉
腹主动脉
睾丸动脉
腰动脉
肠系膜下动脉
髂总动脉
髂内动脉
髂外动脉
腹股沟韧带

图 8-7　全身动脉

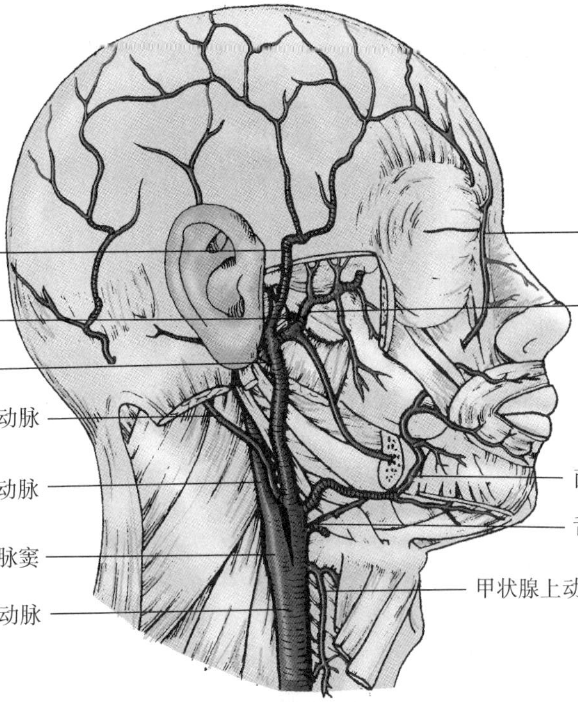

图 8-8 颈外动脉及其分支

8．髂总动脉（图 8-13）

（1）髂内动脉

（2）髂外动脉

海氏三角：位于腹股沟区前下部，是由腹直肌外侧缘、腹股沟韧带和腹壁下动脉围成的三角区。

9．股动脉（图 8-14）

（1）腘动脉、胫后动脉、腓动脉

（2）胫前动脉、足背动脉

（3）足底动脉

（二）肺循环动脉

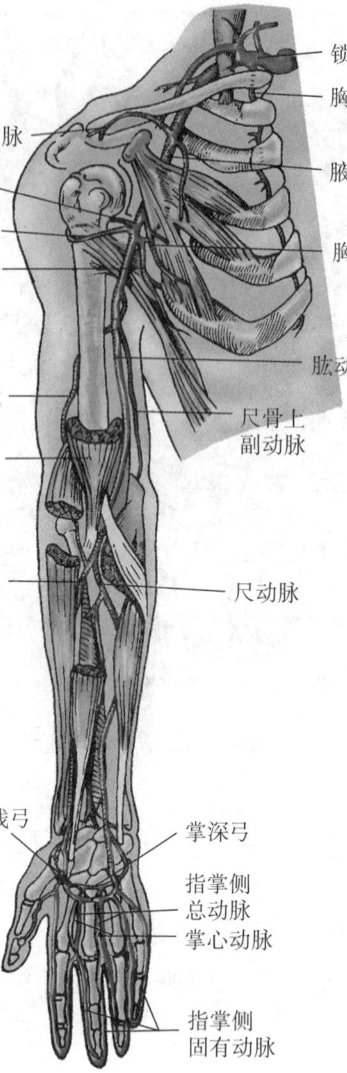

图 8-9　肱动脉及前臂的动脉

三、静脉

（一）肺循环静脉

（二）体循环静脉

1．上腔静脉系、下腔静脉系、心静脉系

2．头颈部静脉（图 8-15）

3．胸部静脉

4．上肢静脉

5．下肢静脉（图 8-16）

（1）大隐静脉

（2）腘静脉

（3）小隐静脉及其属支

6．腹部、盆部静脉

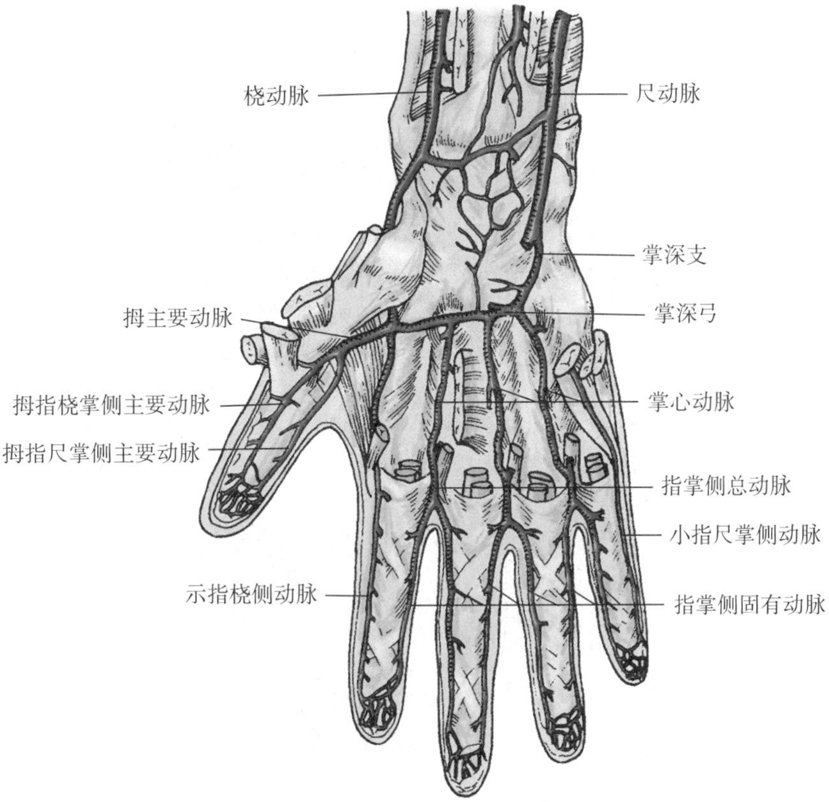

图 8-10　掌深弓

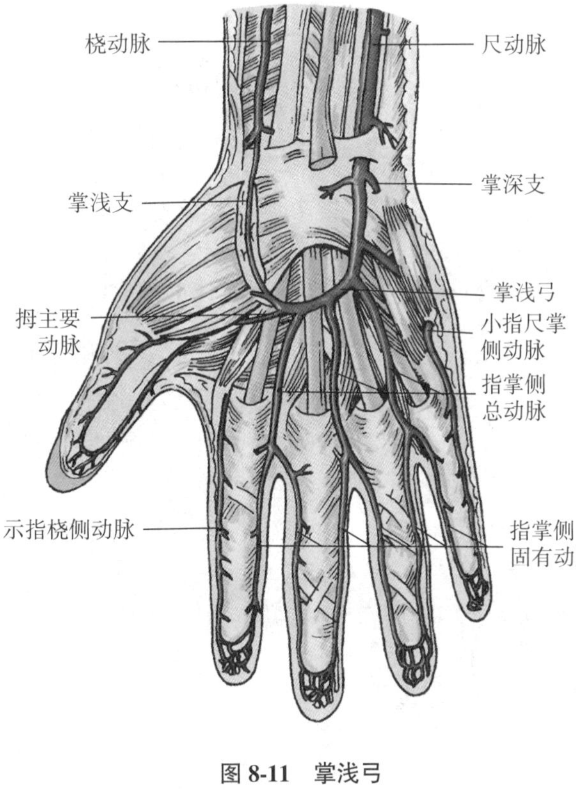

图 8-11　掌浅弓

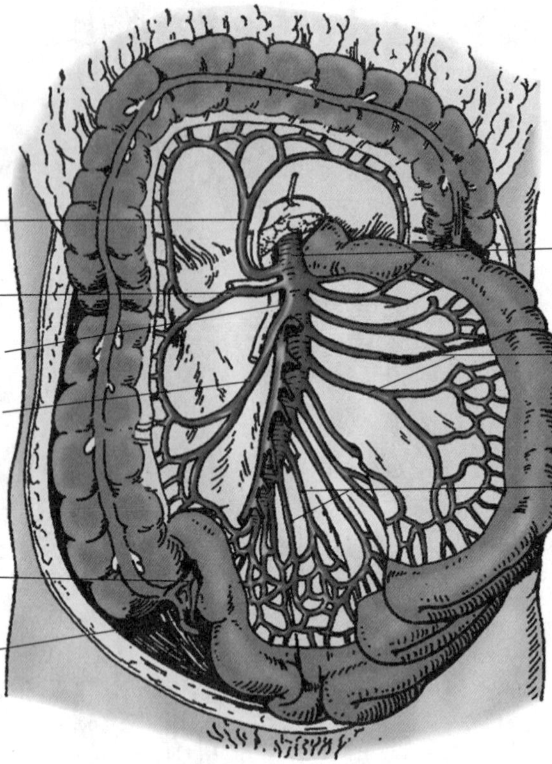

图 8-12 肠系膜上、下动脉

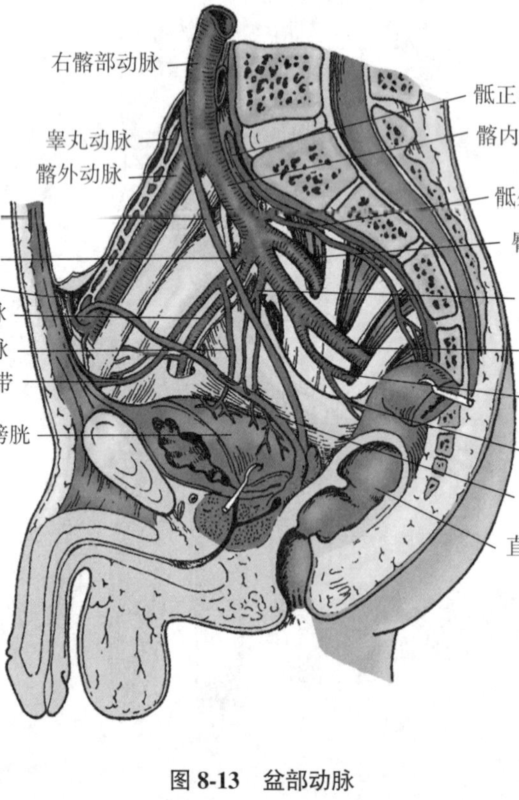

图 8-13 盆部动脉

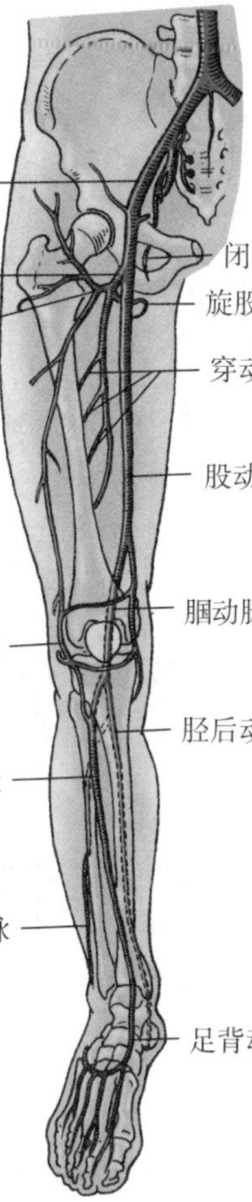

图 8-14　股部及膝部的动脉

（三）肝门静脉系

1．属支：脾静脉、肠系膜上静脉、肠系膜下静脉、胃左静脉、胃右静脉、胆囊静脉、附脐静脉等。

2．与上下腔静脉之间的吻合：食管静脉丛、脐周静脉网、直肠静脉丛。

四、淋巴系统

（一）淋巴管道

毛细淋巴管、淋巴管、淋巴干（左、右颈干，左、右锁骨下干，左、右支气管纵隔干，左、右腰干，肠干）和淋巴导管（胸导管、右淋巴导管）。

（二）淋巴器官

脾、胸腺（图 8-17）。

（三）淋巴组织（详见脉管微细结构）

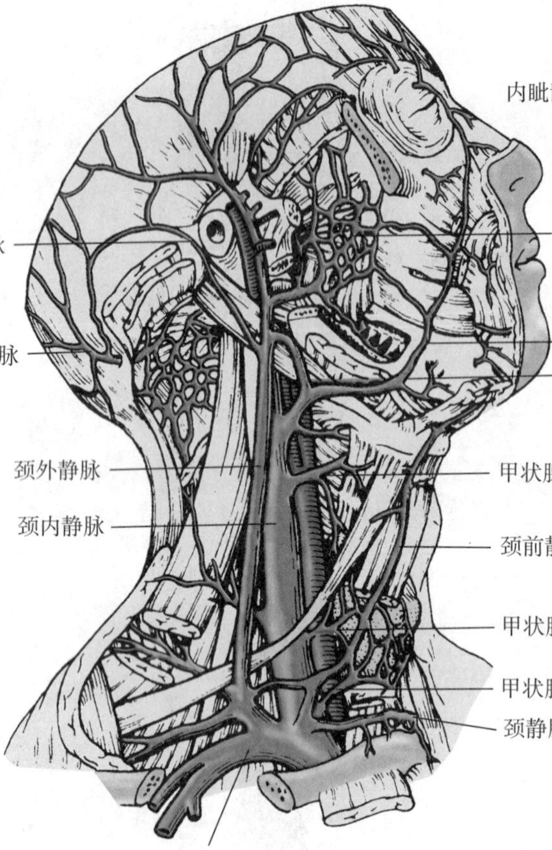

图 8-15　头颈部静脉

【实验过程】

1．教师利用各标本并结合挂图示教，讲解各器官的形态、结构及血管的分支、属支、吻合支等。

2．学生分组识别各系统器官的重要结构和血管的走行及分布。

【实验反思】

1．简述大、小循环途径。

2．描述心的外形、心腔结构。

3．主动脉弓上的三个分支从右向左依次是什么？

4．肠系膜上、下动脉的分支分别是什么？

5．腹腔干的分支有哪些？

6．肝门静脉的属支共有哪些？主要的属支有什么？与上、下腔静脉之间的吻合支有哪些？

7．阑尾炎时口服药物，药物经过哪些结构到达阑尾发挥药效？

8．胃炎时滴注药液，经过哪些结构到达胃部发挥药效？

9．化验肝功能在什么部位抽血？

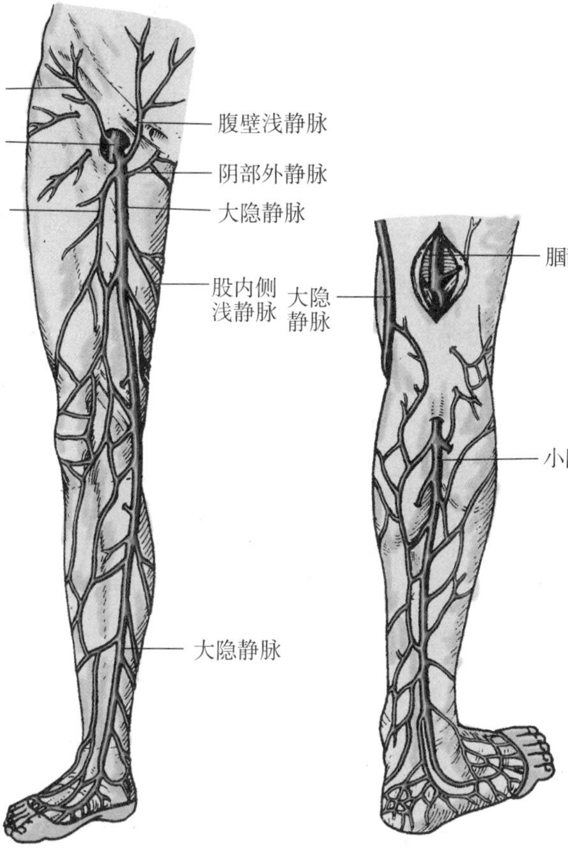

图 8-16　下肢静脉：大隐静脉和小隐静脉及其属支

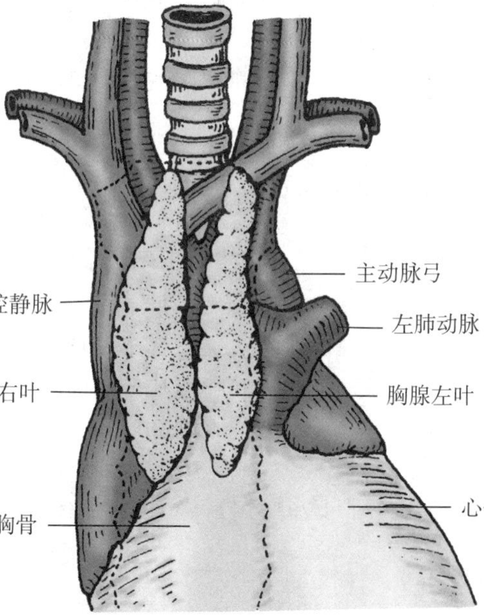

图 8-17　胸腺

（程　龙）

实验九　感觉器官

【内容回顾】

感觉器是机体接受内、外界环境各种刺激，将之转换为神经冲动的组织结构。

根据感觉器所在部位、接受刺激的来源和特化的程度分为：外感受器（如皮肤、黏膜等）、内感受器（如内脏、心血管等）和本体感受器（如关节、肌腱等）。

【实验目的】

1．掌握眼球壁的层次，各层的分部及形态结构；眼球内容物的名称及作用。

掌握鼓膜的位置、形态结构，鼓室各壁和听小骨的名称；内耳感受器的名称、位置及作用。

2．熟悉视器的组成，屈光系统的组成；泪器的组成和鼻泪管的开口部位。

熟悉外耳道的形态；中耳的组成；内耳的组成和骨迷路的分部。

3．了解感觉器和感受器的概念，眼睑的形态结构。

了解前庭蜗器的组成，外耳的组成和声波的传导途径。

【实验材料】

1．标本：眼和耳的全部结构标本。

2．挂图：感觉器全套挂图。

【实验内容】

一、视器

（一）眼球壁

由外向内由纤维膜、血管膜和视网膜三层构成（图 9-1）。

1．纤维膜：又称外膜，前 1/6 是角膜，后 5/6 为巩膜。

2．血管膜：又称中膜，从前向后依次为虹膜、睫状体和脉络膜。

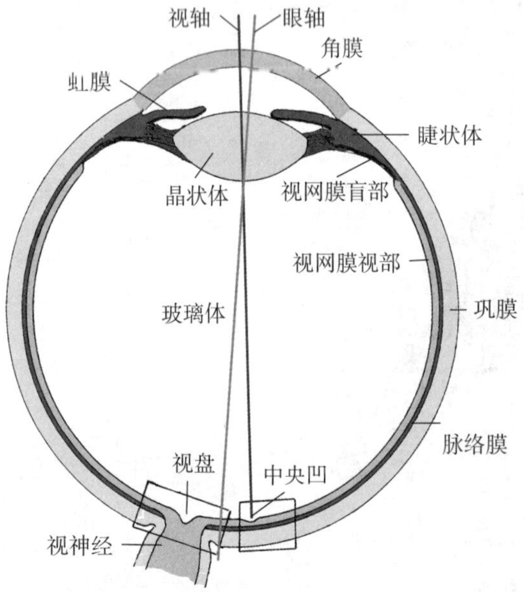

图 9-1　眼球结构

3．视网膜：又称内膜，分为虹膜部、睫状体部和视部三部分。

视网膜视部主要由 3 层神经细胞构成，由外向内依次为视细胞（视锥细胞和视杆细胞）、双极细胞和节细胞。

（二）眼球内容物

1．眼房和房水

房水循环途径：睫状体生成房水→眼后房→瞳孔→眼前房→虹膜角膜角→巩膜静脉窦→眼静脉

2．晶状体

3．玻璃体

（三）眼副器

1．眼睑：上睑、下睑、睑裂、内眦、外眦、睫毛、泪点等。

2．结膜：分为睑结膜、球结膜和结膜

穹隆。

3．泪器：泪腺分泌泪液，经上、下泪点，流入上、下泪小管，经泪囊流入鼻泪管，开口于下鼻道外侧壁的前部（图 9-2）。

4．眼球外肌：上直肌—瞳孔转向上内侧、下直肌—瞳孔转向下内侧、内直肌—瞳孔转向内侧、外直肌—瞳孔转向外侧、上斜肌—瞳孔转向下外侧、下斜肌—瞳孔转向上外侧、上睑提肌—提上眼睑（图 9-3）。

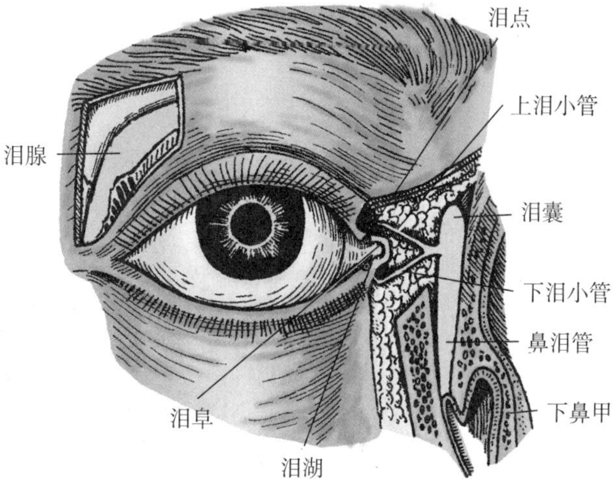

图 9-2　泪器

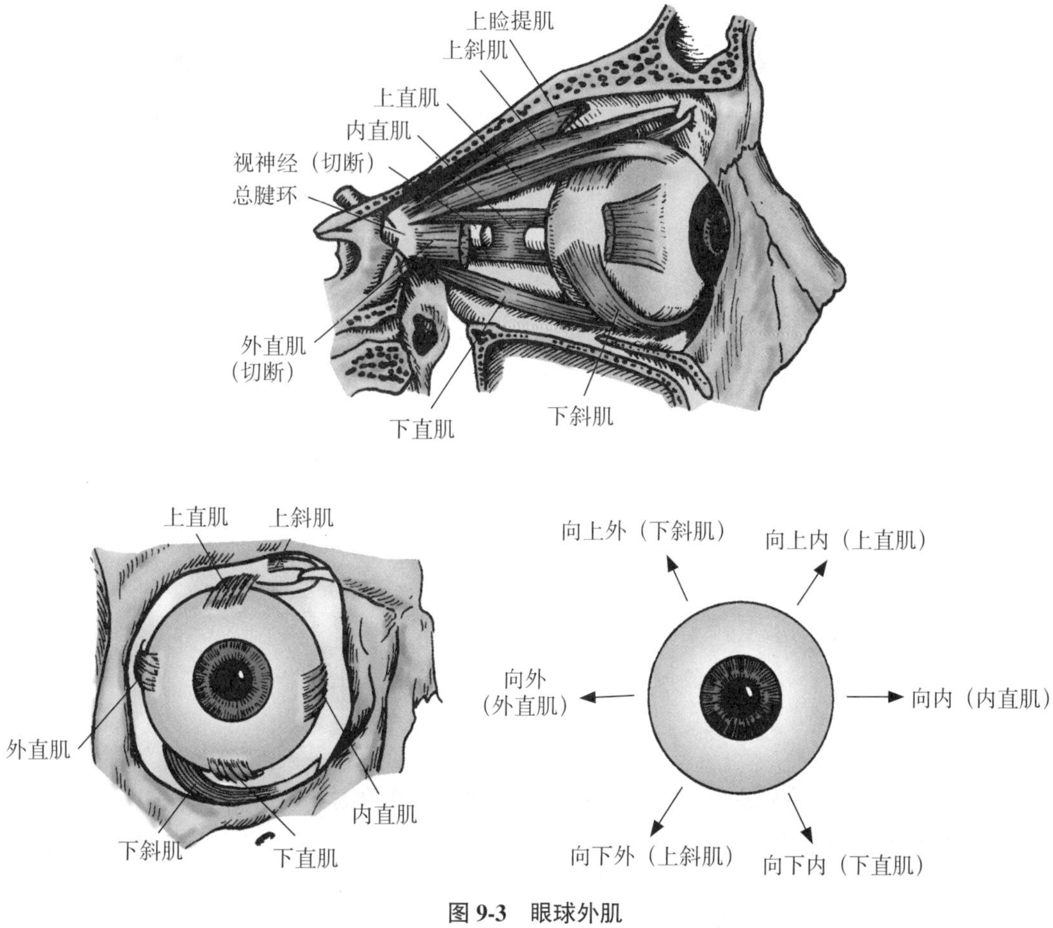

图 9-3　眼球外肌

二、前庭蜗器（图 9-4）

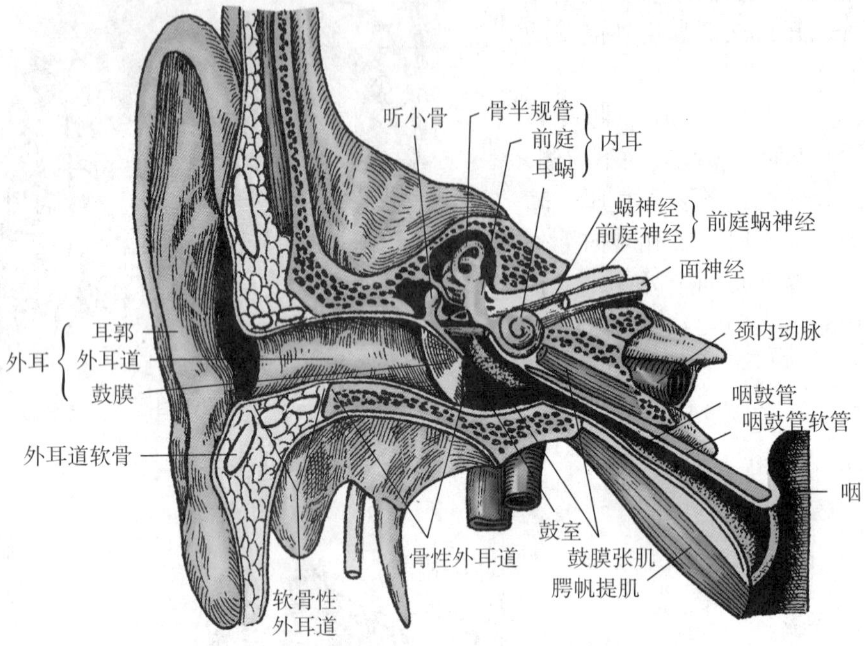

图 9-4　位听器全貌模式图

（一）外耳

1．耳郭

2．外耳道

3．鼓膜：前上 1/4 的三角形区域薄而松弛，称松弛部；后下 3/4 的部分坚实而紧张，称为紧张部。鼓膜中心向内凹陷称为鼓膜脐。

（二）中耳

1．鼓室：外侧壁（鼓膜壁）、上壁（又称盖壁）、下壁（称颈静脉壁）、前壁（称颈动脉壁）、内侧壁（称迷路壁）、后壁（称乳突壁）。

2．听小骨：从外向内依次为锤骨、砧骨和镫骨（图 9-5）。

3．咽鼓管

4．乳突窦和乳突小房

（三）内耳

1．骨迷路（图 9-6）

2．膜迷路（图 9-7）

（1）壶腹嵴：位置觉感受器，感受头部旋转变速运动的刺激。

（2）椭圆囊斑：感受头部静止的位置。

（3）球囊斑：感受直线变速运动的刺激。

（4）螺旋器：又称 Corti 器，是听觉感受器。

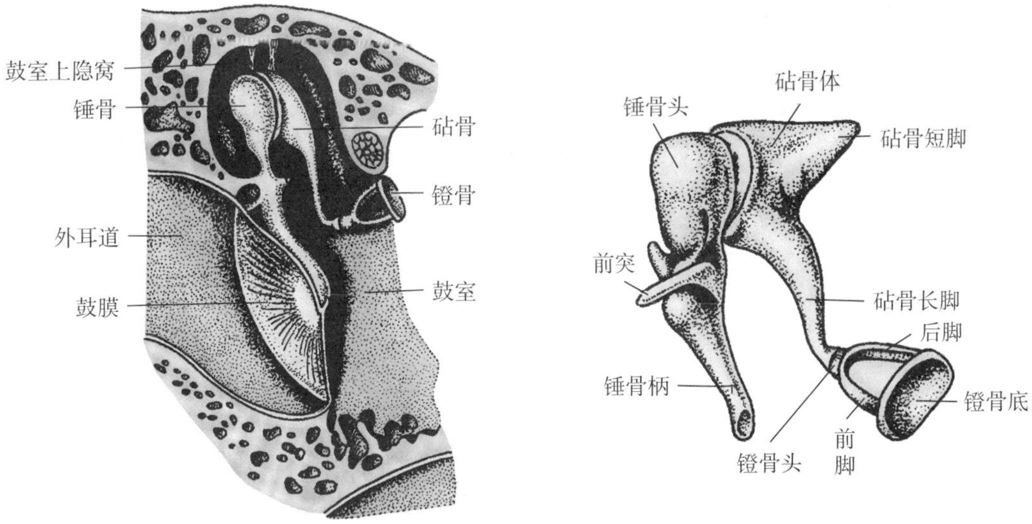

图 9-5 听小骨

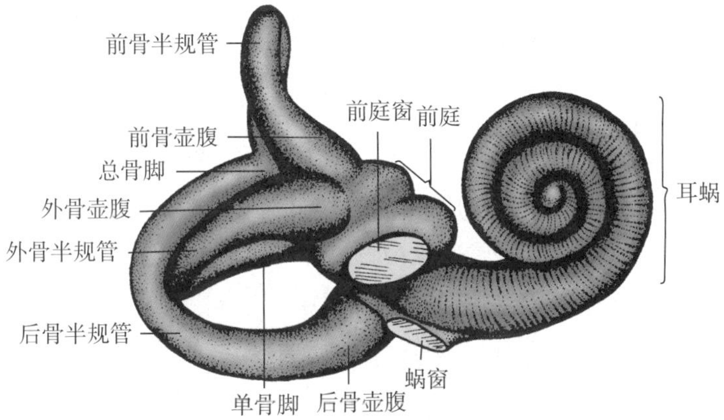

图 9-6 骨迷路

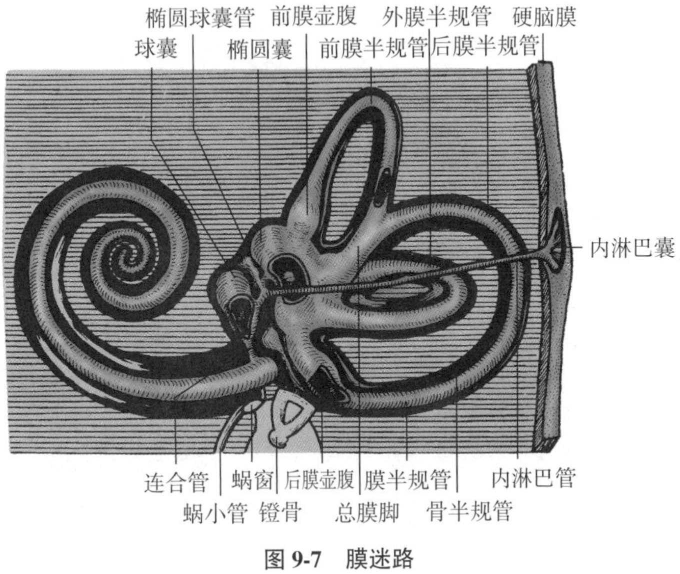

图 9-7 膜迷路

3．空气传导（图 9-8）

声波　　　　　锥骨→砧骨
↓　　　　　　↑　　↓
耳郭→外耳道→鼓膜　镫骨→前庭窗→外、内淋巴→螺旋器→听神经→听觉中枢
空气振动　　　传声变压　　　　液波传音　感音　　　神经冲动　综合分析
（外耳）　　　（中耳）　　　　（内耳）　　　　　　（迷路后）（大脑皮质）

图 9-8　声波传导示意图

【实验过程】

1．教师利用感觉器标本并结合挂图示教，讲解各部位的形态与结构。

2．学生分组识别感觉器中的重要结构。

【实验反思】

1．简述房水的产生、循环途径。

2．简述泪液的分泌及排泄途径。

3．眼球外肌有哪些？各有什么作用？

4．眼球壁从外向内依次都有哪些结构？

5．什么是视盘？什么是黄斑？

6．简述鼓室的壁都有哪些结构构成。

7．简述位置觉的感受器都有哪些，分别感受什么样的运动？

8．声波传导至内耳需经过哪些结构？

（潘　琦）

实验十　中枢神经系统

【内容回顾】

神经系统由脑、脊髓以及与脑和脊髓相连的周围神经系统组成。神经系统分为中枢部（中枢神经系统）和周围部（周围神经系统），中枢部包括脑和脊髓，周围部包括与脑和脊髓相连的神经，即脑神经、脊神经和内脏神经。

神经系统的基本组织是神经组织，由神经元（神经细胞）和神经胶质细胞构成。

突触是指神经元与神经元之间、神经元与效应器之间特化的接触区域。化学性突触包括突触前部、突触间隙和突触后部三部分。

神经系统的常用术语有灰质、白质、皮质、髓质、神经核、神经节、纤维束、神经等。

神经系统的基本活动方式为反射，形态学基础是反射弧，由感受器、传入神经、中枢、传出神经和效应器构成。

【实验目的】

1．掌握神经系统的组成；神经系统的常用术语。

掌握脊髓的位置、外形；脊髓节段与椎骨的对应关系；脊髓的内部结构。

掌握脑的位置、分部；脑干外形。

掌握小脑的位置、外形及分叶、第四脑室的位置和连通。

掌握间脑的位置、外形及分部；背侧丘脑腹后核的分部与功能；内、外侧膝状体的位置、功能；下丘脑的位置、外形；第三脑室的位置和连通。

掌握大脑半球的形态、分叶；主要沟、回的名称及分叶；侧脑室的位置、分部和连通；基底核的位置、组成；新、旧纹状体的概念。

掌握大脑皮质的主要功能区的躯体感觉、视觉、听觉、语言和躯体运动中枢的位置、定位关系及临床意义。

掌握脑和脊髓被膜的层次；硬脊膜的位置、硬膜外隙的概念；硬脑膜的结构特点；蛛网膜及蛛网膜下隙的概念；小脑延髓池、终池、蛛网膜粒的形成、位置、意义。

掌握脑脊液的产生和循环途径。

2．熟悉脑干的内部结构。

熟悉小脑的内部结构。

熟悉下丘脑主要核团的名称、功能。

熟悉基底核的功能。

熟悉内脏活动中枢的位置。

【实验材料】

1．标本：神经系统各部分的瓶装标本。

2．挂图：神经系统全套挂图。

3．脑模型、脑干模型。

【实验内容】

一、中枢神经系统

（一）脊髓（图 10-1）

1．脊髓位置：位于椎管内，上端平枕骨大孔处与延髓相连，下端在成人平第 1 腰椎体

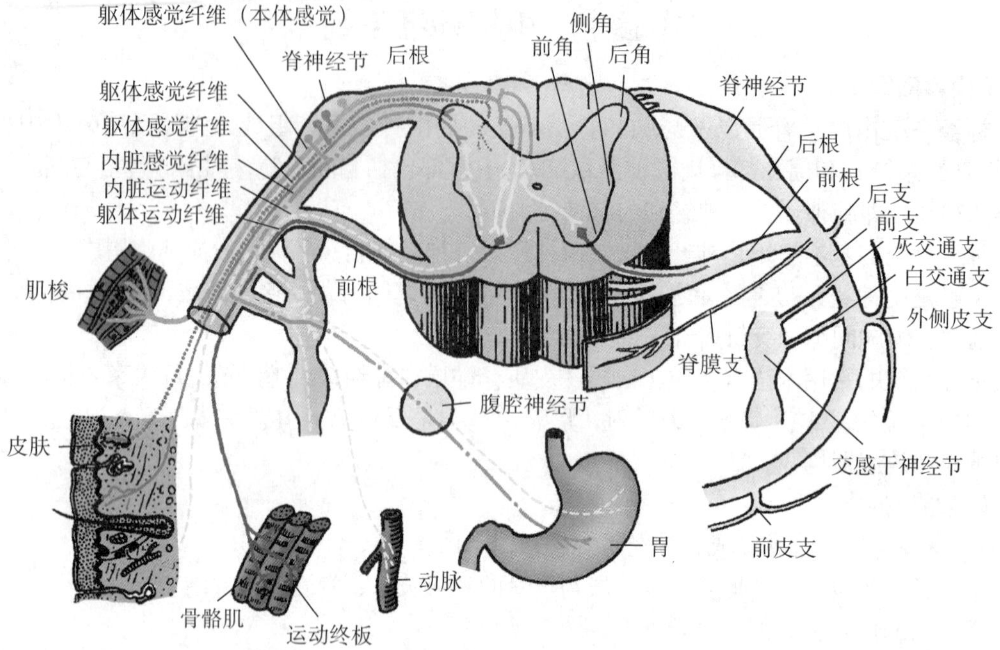

图 10-1　脊髓与脊神经根

下缘。

2．脊髓形态：两个膨大是颈膨大和腰骶膨大。

3．脊髓表面 6 条沟：前正中裂、后正中沟、前外侧沟和后外侧沟。

4．脊髓节段：每一对脊神经及其前根、后根的根丝附着范围的脊髓构成一个脊髓节段。分为 8 个颈节、12 个胸节、5 个腰节、5 个骶节和 1 个尾节。

5．脊髓的内部结构：灰质、白质。

上行纤维束：薄束和楔束、脊髓小脑束、脊髓丘脑束等。

下行纤维束：皮质脊髓束、红核脊髓束、前庭脊髓束、网状脊髓束、顶盖脊髓束。

6．脊髓的功能：上、下行传导路径的中继站；反射中枢。

（二）脑

脑的分部：端脑、间脑、脑干（中脑、脑桥、延髓）和小脑（图 10-2）。

1．脑干的形态

（1）腹侧面（图 10-3）

延髓：延髓脑桥沟、锥体、锥体交叉、橄榄、前外侧沟。

脑桥：脑桥基底部、基底沟、小脑中脚。

中脑：大脑脚、脚间窝。

（2）背侧面（图 10-4）

延髓：薄束结节、楔束结节、小脑下脚、菱形窝的下半。

脑桥：小脑上脚、上髓帆、菱形窝的上半。

中脑：上丘、下丘、上丘臂、下丘臂。

（3）第四脑室（图 10-2）：位于延髓、脑桥和小脑之间，呈四棱锥形。

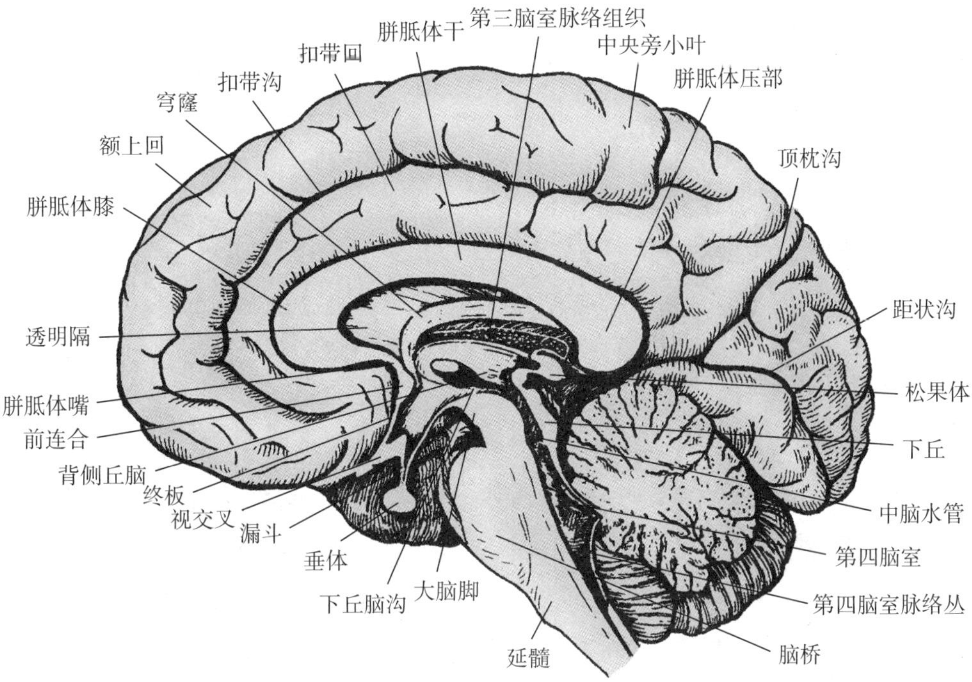

图 10-2 脑的正中矢状面

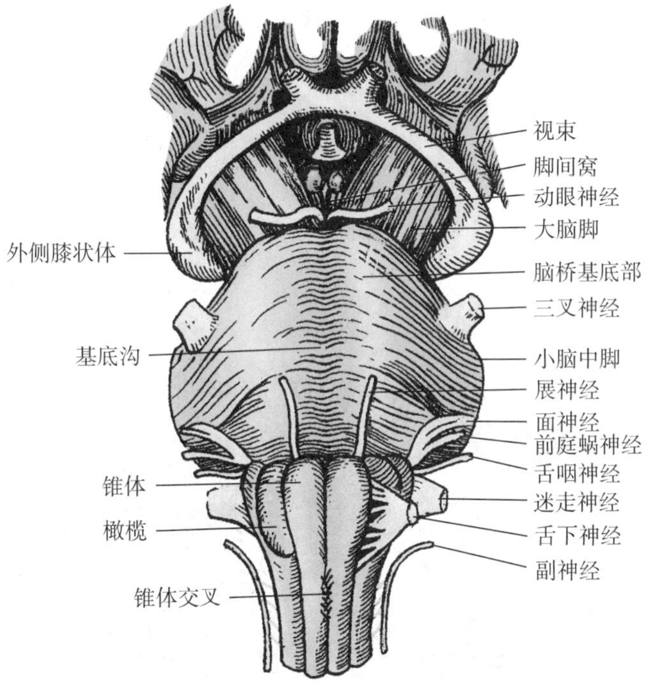

图 10-3 脑干腹侧观

（4）脑干的内部结构

脑干的灰质。

脑神经核（图 10-5）。

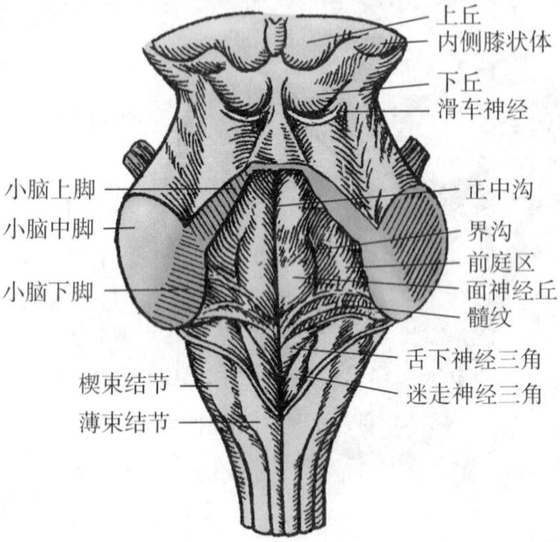

图 10-4　脑干背侧观

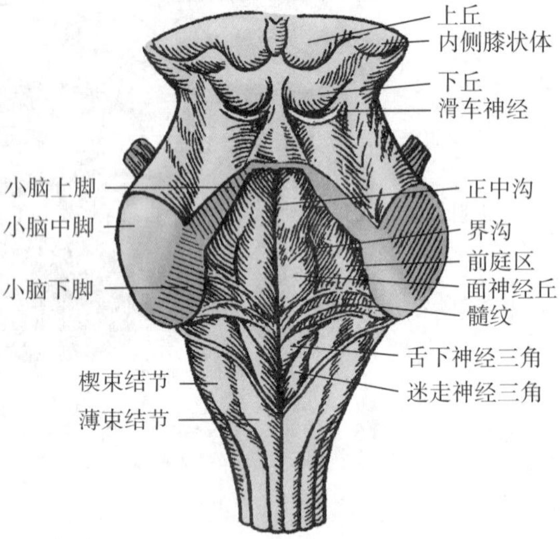

图 10-5　脑神经核模式图（背面观）

上行纤维束：内侧丘系、脊髓丘脑束、三叉丘脑束、外侧丘系等。

下行纤维束：锥体束、红核脊髓束、顶盖脊髓束、前庭脊髓束等。

2．小脑（图 10-6、图 10-7）

（1）小脑的外形：小脑半球、小脑蚓、小脑扁桃体、小脑小结、小脑绒球、原裂、水平裂等。

（2）小脑的分部：绒球小结叶（原小脑）、前叶（旧小脑）和后叶（新小脑）。

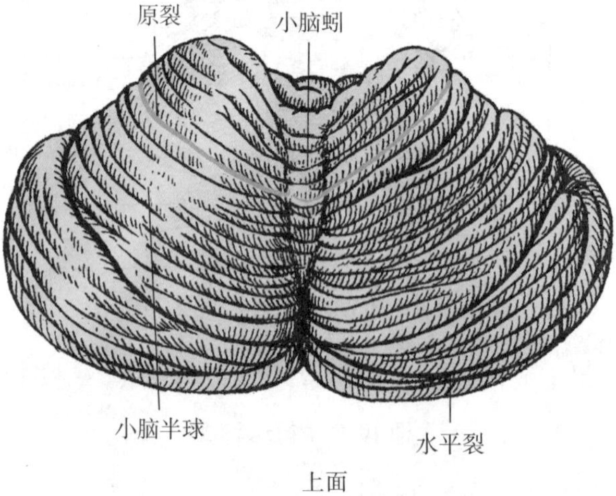

图 10-6　小脑上面观

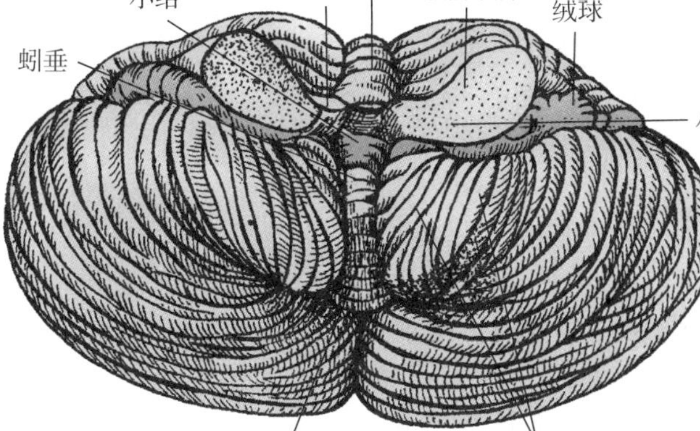

图 10-7 小脑下面观

3．间脑

（1）背侧丘脑

（2）后丘脑

（3）上丘脑

（4）底丘脑

（5）后丘脑：从脑的底面看，下丘脑从前向后包括视交叉、灰结节和乳头体。

4．端脑（图 10-8）

（1）重要的沟和分叶：左、右大脑半球之间为大脑纵裂。纵裂的底面连接两半球宽厚的纤维束板为胼胝体。外侧沟起于半球下面，行向后上方，至上外侧面。中央沟起于半球上

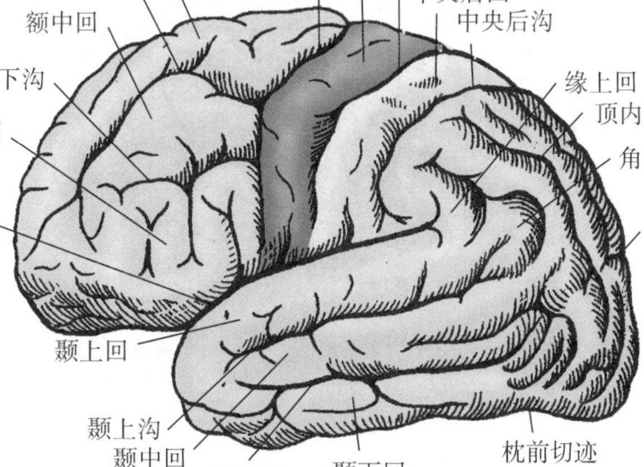

图 10-8 大脑皮层上的沟与回

缘中点稍后方，斜向前下方。顶枕沟位于半球内侧面后部，自距状沟起自下向上并转至上外侧面。

分叶：额叶、颞叶、枕叶、顶叶和岛叶。

沟与回：中央前沟、额上沟、额下沟。

中央前回、额上回、额中回、额下回。

中央后沟、顶内沟。

中央后回、顶上小叶、顶下小叶。

颞上沟、颞下沟。

颞上回、颞中回、颞下回、颞横回、角回。

距状沟、扣带沟。

中央旁小叶、扣带回、舌回、海马旁回。

嗅束沟、嗅束、嗅球。

边缘叶：扣带回、海马旁回、海马和齿状回等共同构成边缘叶。

（2）功能定位（图 10-9）

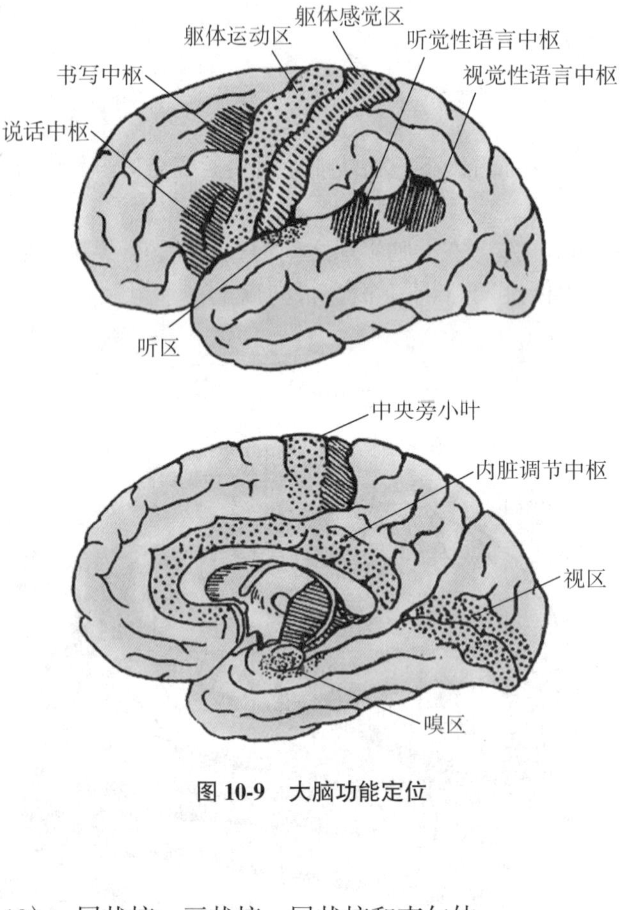

图 10-9　大脑功能定位

（3）内部结构

基底核（图 10-10）：尾状核、豆状核、屏状核和杏仁体。

（4）侧脑室（图 10-11）

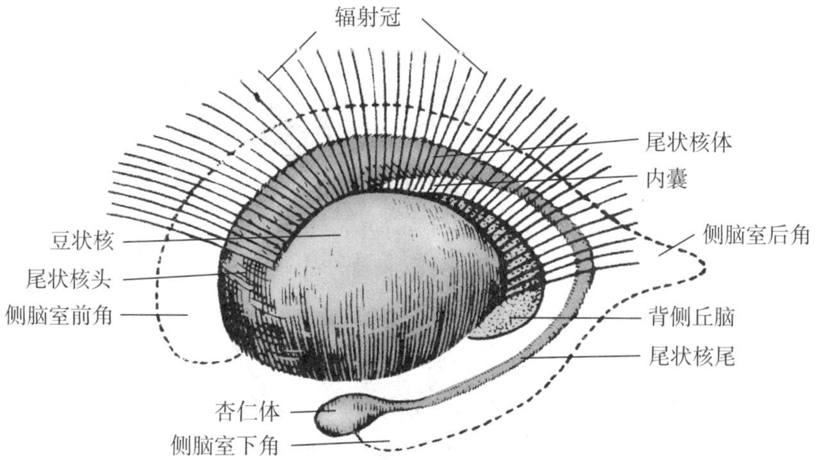

图 10-10　基底核

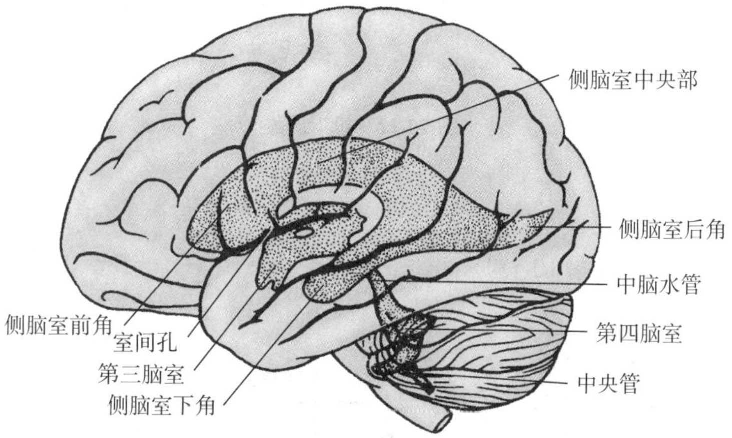

图 10-11　侧脑室

（5）联络纤维：钩束、上纵束、下纵束、扣带。

连合纤维：胼胝体、前连合、穹隆和穹隆连合。

投射纤维：内囊是位于丘脑、尾状核和豆状核之间的呈“><”形的白质板（图 10-12）。

二、脑和脊髓的被膜

（一）被膜

由外向内依次是硬膜、蛛网膜和软膜。

1．硬脊膜与椎管内面的骨膜之间有一腔隙，称硬膜外隙。

2．脊髓蛛网膜与软脊膜之间有较宽阔的间隙，称蛛网膜下隙。

3．硬脑膜在特殊部位形成的结构：大脑镰、小脑幕、上矢状窦、下矢状窦、横窦、乙状窦、窦汇、直窦和海绵窦。

海绵窦：位于蝶骨体的两侧，内有颈内动脉、动眼神经、滑车神经、展神经及三叉神经

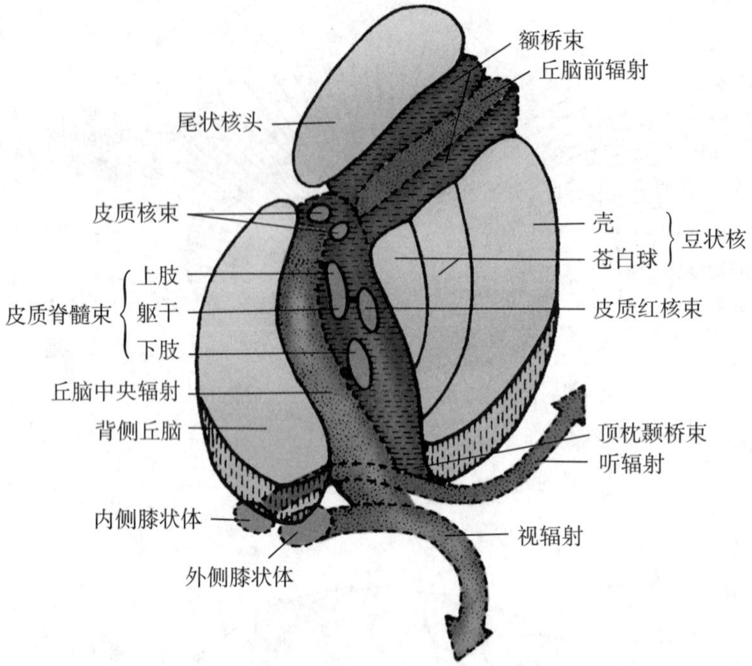

图 10-12　投射纤维

的眼神经和上颌神经通过。

4．脑脊液及其循环（图 10-13）

左、右侧脑室脉络产生脑脊液

↓ 室间孔

第三脑室（脉络丛产生脑脊液）

↓ 中脑水管

第四脑室（脉络丛产生脑脊液）

↓ 外侧孔、正中孔

蛛网膜下隙

↓ 蛛网膜粒

上矢状窦

图 10-13　脑脊液的产生及循环

（二）脑和脊髓的血管

1．脑的动脉（图 10-14）：颈内动脉、椎动脉

大脑动脉环：Willis 环，由两侧大脑前动脉起始段、两侧颈内动脉末端、两侧大脑后动脉借前、后交通动脉吻合而成。

2．脑的静脉（图 10-15）

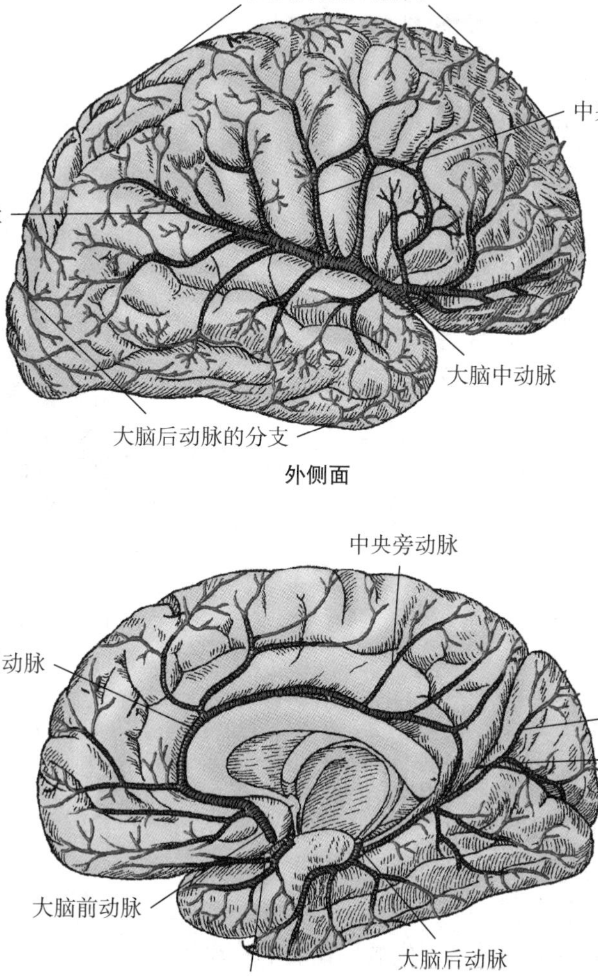

图 10-14　脑的动脉

3．脊髓的动脉（图 10-16）：脊髓前动脉、脊髓后动脉。

4．脊髓的静脉（图 10-17）：椎内静脉丛、椎外静脉丛。

【实验过程】

1．教师利用各部神经系统大体标本，并结合挂图示教，讲解神经系统的组成、脑的分部及主要沟回、重要神经分支及功能。

2．学生分组识别神经系统的重要内容。

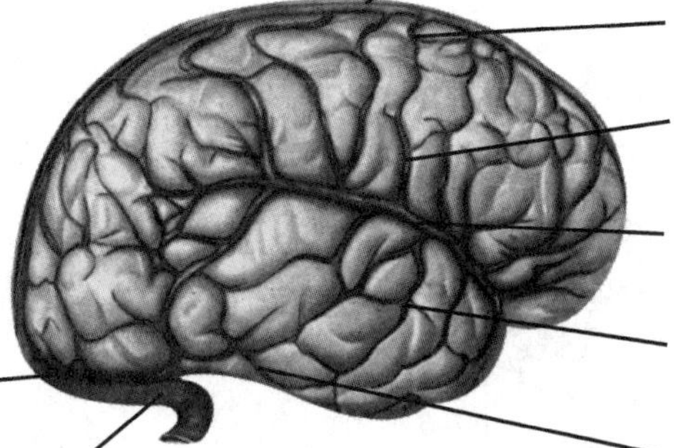

图 10-15　脑的静脉

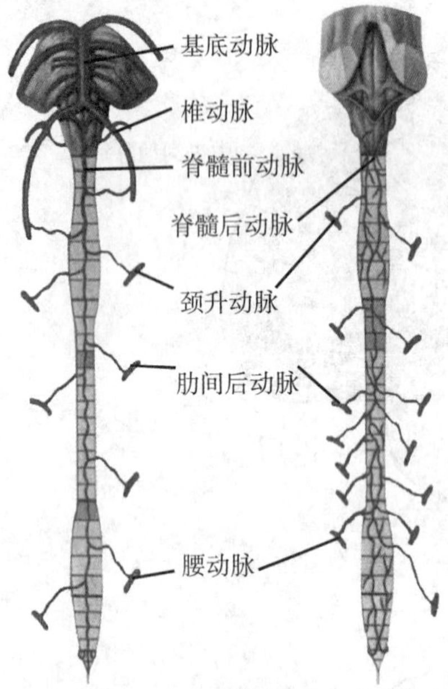

图 10-16 脊髓的动脉

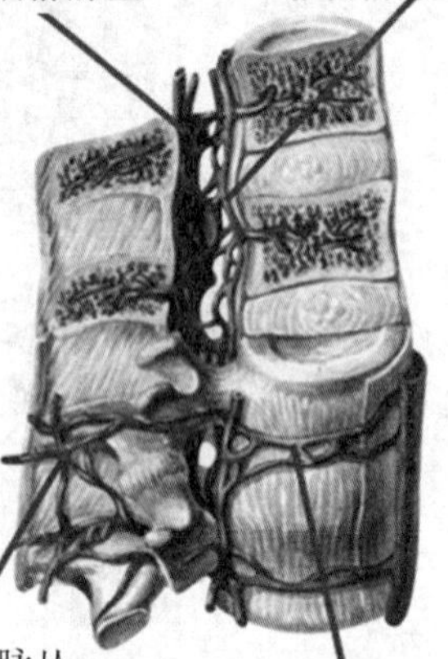

图 10-17 脊髓的静脉

【实验反思】

1．脑干各部与哪几对脑神经相连？

2．试述小脑的分部及其功能。

3．简述大脑半球重要的沟和回以及分叶。

4．简述脑的组成。

5．什么是内囊？内囊的结构和内囊损伤后的临床表现是什么？

（马永贵）

实验十一 周围神经系统

【内容回顾】

神经系统由脑、脊髓以及与脑和脊髓相连的周围神经系统组成。神经系统分为中枢部（中枢神经系统）和周围部（周围神经系统），中枢部包括脑和脊髓，周围部包括与脑和脊髓相连的神经，即脑神经、脊神经和内脏神经。

神经系统的基本组织是神经组织，由神经元（神经细胞）和神经胶质细胞构成。

突触是指神经元与神经元之间、神经元与效应器之间特化的接触区域。化学性突触包括突触前部、突触间隙和突触后部三部分。

神经系统的常用术语有灰质、白质、皮质、髓质、神经核、神经节、纤维束、神经等。

神经系统的基本活动方式为反射，形态学基础是反射弧，由感受器、传入神经、中枢、传出神经和效应器构成。

【实验目的】

1．掌握脊神经的总数；颈丛、臂丛、腰丛和骶丛的组成。

掌握脑神经的名称、序数、连脑部位和进出颅的部位以及脑神经的纤维成分。

掌握锥体系的组成，上、下运动神经元的概念。

2．熟悉传导通路的组成。

熟悉内脏神经的组成。

3．了解神经损伤后的临床表现。

【实验材料】

1．标本：神经系统各部分瓶装标本及完整大体标本。

2．挂图：神经系统全套挂图。

【实验内容】

一、脊神经

（一）脊神经的构成、分部和纤维成分

1．脊神经共31对，每对脊神经借前、后根分别与脊髓的前、后外侧沟相连，属混合性神经。

2．脊神经分为8对颈神经、12对胸神经、5对腰神经、5对骶神经和1对尾神经。

3．脊神经中含有4种纤维成分：躯体感觉纤维、内脏感觉纤维、躯体运动神经、内脏运动神经。脊神经的典型分支有前支、后支、交通支和脊膜支。前支最粗大，形成4个神经丛，即颈丛、臂丛、腰丛和骶丛。

（1）颈丛（图11-1）：由第1～4颈神经前支组成，位于胸锁乳突肌上部深面、中斜角肌和肩胛提肌起端的前方。其分支有浅支和深支，浅支分为枕小神经、耳大神经、颈横神经和锁骨上神经；深支主要是膈神经（图11-2）。

（2）臂丛：由5～8颈神经前支和第1胸神经前支的大部分纤维组成。主要的分支有胸长神经、胸背神经、肌皮神经、正中神经、尺神经、桡神经（图11-3）和腋神经。

（3）胸神经前支：胸神经的前支共有12对，除第1对和第12对的部分纤维分别参加臂丛和腰丛外，其余各对均不构成丛。第1～11对胸神经的前支各自走行于相应的肋间隙内，称肋间神经。第12对胸神经的前支走行于第12肋的下方，称肋下神经。

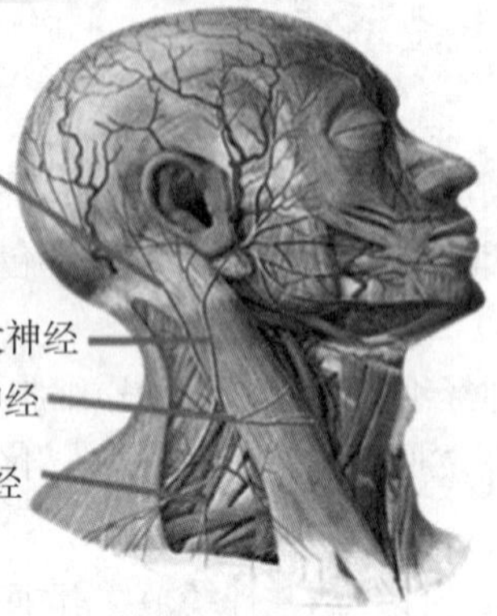

图 11-1　颈丛

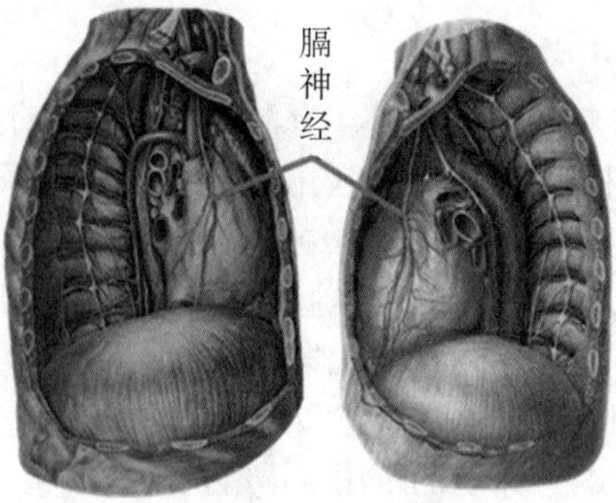

图 11-2　膈神经

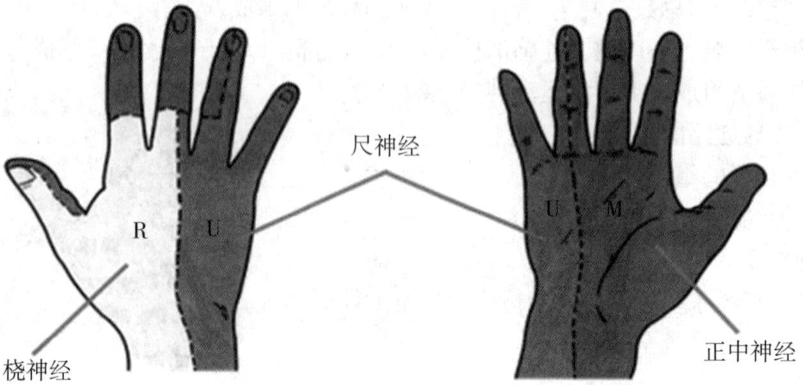

图 11-3　正中神经、尺神经、桡神经

（4）腰丛：由第 12 胸神经前支的小部分、第 1 ～ 3 腰神经前支和第 4 腰神经前支的一部分构成。主要的分支有髂腹下神经和髂腹股沟神经、股神经、闭孔神经、生殖股神经（图 11-4）。

图 11-4　腰丛

（5）骶丛：由腰骶干和全部骶、尾神经的前支组成。第 4 腰神经的其余部分和第 5 腰神经的前支共同组成腰骶干。主要分支有臀上神经、臀下神经、阴部神经、坐骨神经，坐骨神经的分支有胫神经和腓总神经，腓总神经又分为腓浅神经、腓深神经（图 11-5）。

二、脑神经

嗅神经（图 11-6）、视神经、动眼神经、滑车神经、三叉神经、展神经、面神经、前庭蜗神经、舌咽神经、迷走神经、副神经、舌下神经。

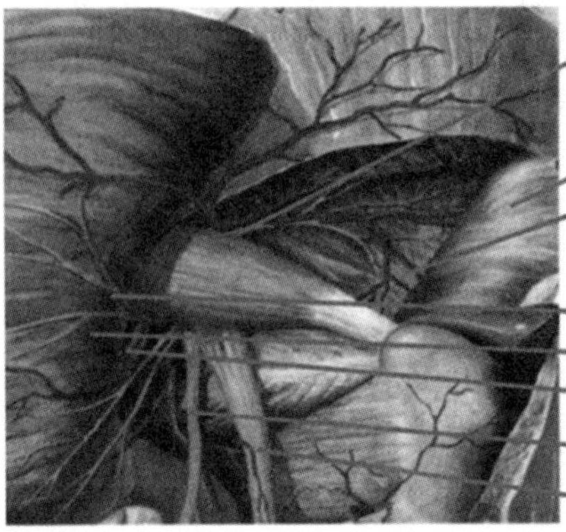

图 11-5 骶丛

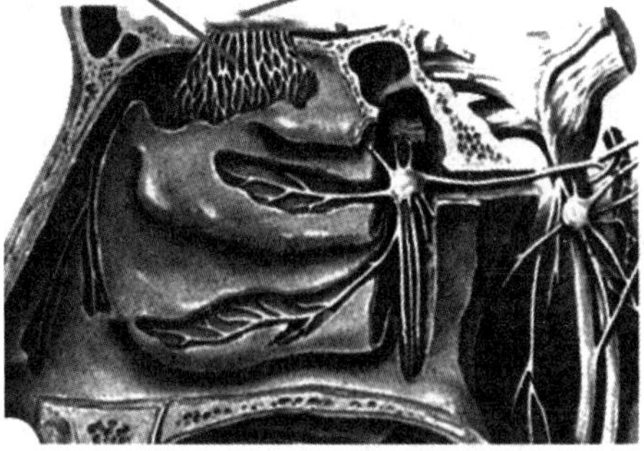

图 11-6 嗅神经、嗅球

口诀法：一嗅二视三动眼，四滑五叉六外展，七面八庭九舌咽，迷副舌下神经全。

三、内脏神经

（一）内脏运动神经

1．交感神经：低级中枢位于脊髓胸 1 ～腰 3 节段的灰质侧角内。

2．副交感神经：低级中枢位于脑干的副交感神经核与脊髓骶部第 2 ～ 4 节段的骶副交感核。

（二）内脏感觉神经

牵涉性痛：当某些脏器发生病变时，在体表的一定区域产生感觉过敏或疼痛，这种现象称为牵涉性痛。

四、传导通路

1．躯干、四肢的本体感觉和精细触觉

2．躯干、四肢的痛、温觉和粗触觉

3．头面部浅感觉

4．视觉传导

5．锥体系

6．锥体外系

【实验过程】

1．利用各部分周围神经标本及大体标本并结合挂图示教讲解。

2．学生分组回顾周围神经系统重要内容。

【实验反思】

1．肱骨中段骨折时易损伤什么神经？该神经损伤后有什么临床表现？

2．面神经管内损伤会出现哪些临床表现？

3．分布于舌的神经有哪些？

（马永贵）

实验十二　内分泌系统

【内容回顾】

内分泌系统是神经系统以外的一个重要调节系统，包括内分泌器官（又称内分泌腺）和内分泌组织。

内分泌腺的腺细胞排列成索状、团状或围成滤泡状，它们之间含有丰富的毛细血管和毛细淋巴管。内分泌细胞的分泌物称激素。激素的作用有明显的特异性，某种激素只能对特定的器官和细胞起作用，某种激素所作用的器官或细胞，称该激素的靶器官或靶细胞。

人体内分泌腺主要有甲状腺、甲状旁腺、肾上腺、垂体、松果体等。

【实验目的】

1．掌握甲状腺、甲状旁腺、肾上腺、垂体的位置及形态。

2．熟悉松果体的位置、形态。

3．了解各内分泌器官的功能。

【实验材料】

1．标本：内分泌各器官标本。

2．挂图：内分泌系统全套挂图。

3．切片：内分泌各器官组织切片。

【实验内容】

一、甲状腺

1．大体（图 12-1）："H" 形，分为两个侧叶和峡部，50% 出现锥状叶。吞咽时随喉上下移动。

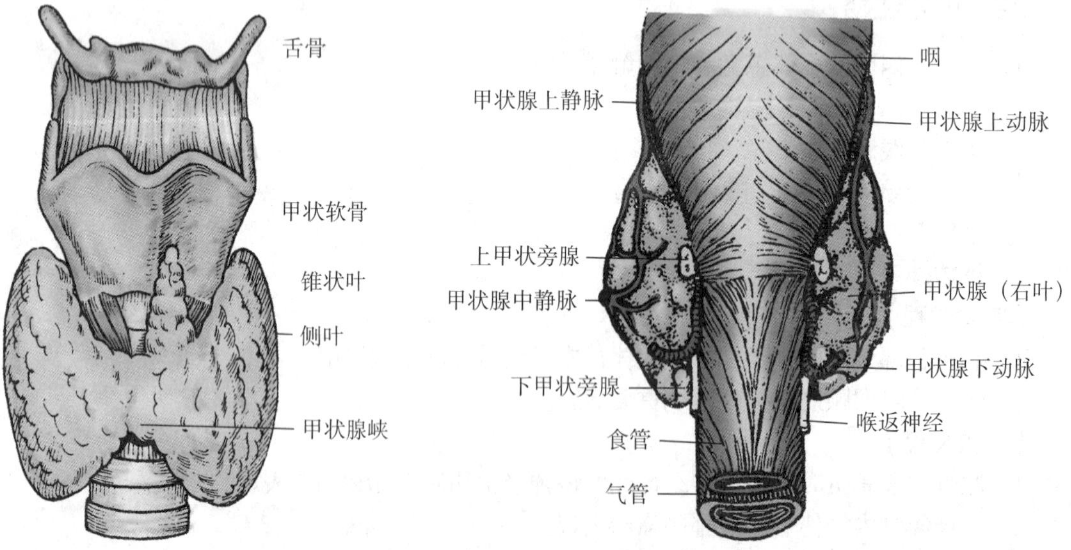

图 12-1　甲状腺背面观与甲状旁腺

2．微细（彩图 12-2）：腺实质由大量甲状腺滤泡和滤泡旁细胞组成。滤泡由单层立方状的滤泡上皮细胞围成，滤泡腔内充满透明的胶质。滤泡上皮细胞合成和分泌甲状腺素。滤泡旁细胞位于甲状腺滤泡和滤泡上皮细胞之间。细胞稍大，在 HE 染色切片中胞质着色较淡。滤泡旁细胞的颗粒内含有降钙素。

二、甲状旁腺

1．大体（图 12-1）：形似黄豆的扁椭圆形小体，一般有上、下两对，贴于甲状腺侧叶后缘。上一对位于甲状腺侧叶后缘上、中 1/3 交界处，下一对位置变异较大，位于甲状腺侧叶后缘近下端甲状腺下动脉附近。

2．微细（彩图 12-3）：腺细胞分主细胞和嗜酸性细胞两种。主细胞数量最多，多边形，核圆，居中，HE 染色胞质着色浅，分泌甲状旁腺素。嗜酸性细胞比主细胞大，核较小，染色深，胞质强嗜酸性。

三、肾上腺

1．大体（图 12-4）：位于肾的上内方，左半月形，右三角形。肾上腺有独立的纤维囊和脂肪囊。

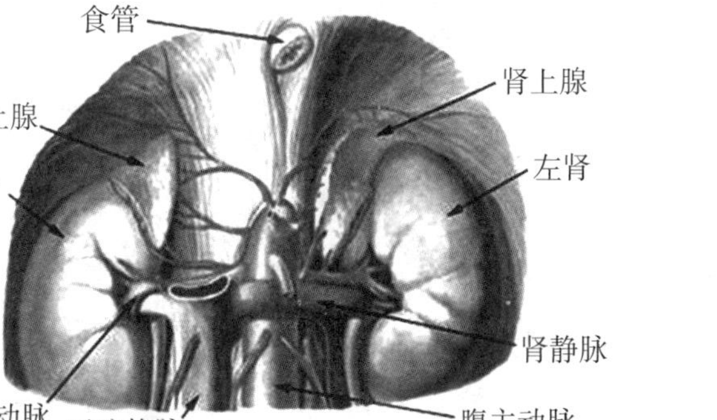

图 12-4 肾上腺

2．微细（彩图 12-5）：肾上腺分为皮质和髓质两部分。皮质分为球状带、束状带和网状带。分别分泌盐皮质激素（醛固酮）、糖皮质激素（皮质醇）和性激素（雄性激素为主）。球状带细胞聚集成许多球团，细胞较小，呈锥形，核小染色深，胞质较小。束状带细胞较大，呈多边形，排列成细胞索，细胞核圆形，染色浅。网状带细胞较小，核小，着色深，胞质呈嗜酸性。髓质细胞即嗜铬细胞，根据颗粒所含物质的差别，分为肾上腺素细胞和去甲肾上腺素细胞，颗粒内分别含有肾上腺素和去甲肾上腺素。

四、垂体

1．大体：灰红色，位于蝶骨体背侧的垂体窝内，借漏斗连于下丘脑。分为腺垂体（前叶）和神经垂体（后叶）。

2．微细：腺垂体远侧部由嗜酸性细胞（分泌生长激素、催乳素）、嗜碱性细胞（分泌促甲状腺激素、促肾上腺皮质激素和促性腺激素）和嫌色细胞排列成团索状形成；中间部为纵行狭窄区域，由滤泡及其周围的嗜碱性细胞和嫌色细胞构成，滤泡由单层立方或柱状上皮细胞围成，分泌黑素细胞刺激素；结节部包绕着神经垂体的漏斗，腺细胞排列成纵向索状，细胞较小，主要由嫌色细胞组成。

神经垂体主要由无髓神经纤维和神经胶质细胞组成，具有储存和释放来自于视上核与室旁核分泌的血管加压素和缩宫素（催产素）的功能。

五、松果体

1．大体（图 12-6）：淡红色的椭圆形小体，位于丘脑的后上方，附于第三脑室顶的后部。

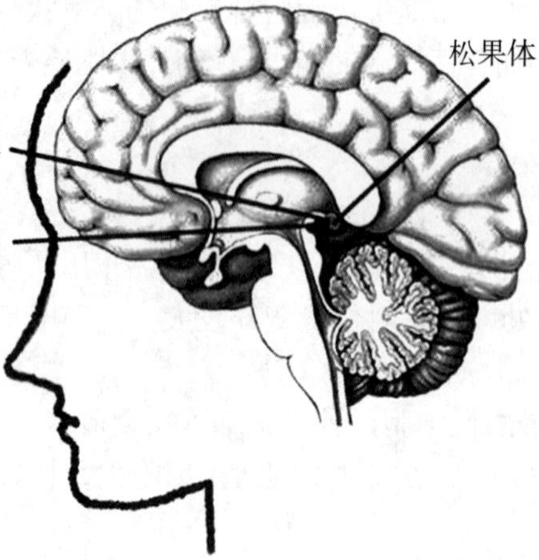

图 12-6 松果体

2．微细（彩图 12-7）：主要由松果体细胞、神经胶质细胞和无髓神经纤维组成。松果体细胞的胞体呈圆形或不规则形，核大，胞质少，弱嗜碱性。

【实验过程】

1．教师利用内分泌器官标本并结合挂图示教，讲解各部的形态与结构。

2．教师利用多媒体展示各个切片镜下观，边操作显微镜示教边讲解。

3．学生自行镜下观察所讲组织结构及大体标本。

4．将切片镜下观察到的结构绘制成图。

【实验反思】

1．简述垂体的位置、形态、分部及相关的激素种类和功能。

2．简述肾上腺皮质的镜下结构。

3．简述甲状腺的形态、位置。

（罗　辑）

实验十三 上皮组织

【内容回顾】

在光学显微镜（简称光镜）下观察，可见细胞由三部分组成：细胞膜、细胞质和细胞核。

细胞分类			分布	功能
单层上皮	单层扁平上皮	内皮	心、血管、淋巴管等的内表面	润滑，减少摩擦，利于血液和淋巴的流动
		间皮	心包膜、胸膜和腹膜等处	减少摩擦
	单层立方上皮		甲状腺、肾小管等处	分泌、吸收
	单层柱状上皮		胃、小肠、子宫等的内腔面	分泌、吸收、保护
	假复层纤毛柱状上皮		呼吸道等的内腔面	分泌、保护
复层上皮	复层扁平上皮		表皮、食管、阴道等处	保护
	变移上皮		膀胱、输尿管、肾盏、肾盂等处	保护

【实验目的】

1．掌握上皮组织的结构特点。

2．熟悉上皮组织的分布。

3．了解腺上皮光镜下的结构特点。

【实验材料】

1．仪器：显微摄像系统、多媒体、光学显微镜，各种上皮组织的切片。

2．挂图：各种上皮组织的挂图。

【实验内容】

1．单层扁平上皮：又称单层鳞状上皮（彩图 13-1）。

（1）低倍镜观察：上皮细胞表面观，由一层排列紧密的扁平细胞组成；细胞不规则，呈多边形，细胞边缘锯齿状彼此嵌合在一起；细胞核扁椭圆形，位于细胞中央。

（2）高倍镜观察：上皮细胞侧面观，细胞薄扁梭形，细胞核椭圆形，位于细胞中央（彩图 13-2）。

2．单层立方上皮：(甲状腺，HE 染色)

（1）从上皮表面观察，细胞多边形。

（2）低倍镜观察：可见大小不等，内含红色均质胶体的甲状腺滤泡，其外周为单层立方上皮。

（3）高倍镜观察：上皮细胞侧面观，细胞立方形，细胞核圆形，位于细胞中央（彩图 13-3）。

3．单层柱状上皮：(空肠，HE 染色)

（1）从表面观察，细胞呈多边形。

以小肠为例，小肠镜下观察，选择一根完整的小肠绒毛，至视野中央，完成低倍镜与高倍镜的观察（彩图 13-4）。

（2）低倍镜观察：可见空肠黏膜向肠腔形成许多小肠绒毛，其外周的细胞即为单层柱状上皮。

(3) 高倍镜观察：上皮细胞侧面观，上皮为一层呈柱状的细胞组成，排列紧密；细胞椭圆形，长轴方向与细胞一致，染成紫蓝色，近细胞的基底部；胞质染成淡红色。柱状细胞之间夹有杯状细胞，形似高脚杯而命名，底部狭窄；细胞核位于基底部，锥体形；顶部膨大，含有嗜碱性黏原颗粒，有润滑和保护作用。HE 染色此颗粒染成蓝色，易被溶解，细胞成空泡状。

4．假复层纤毛柱状上皮（气管，HE 染色）：

（1）低倍镜观察：气管内表面有一层着色较深的结构，即假复层纤毛柱状上皮。

（2）高倍镜观察：上皮细胞侧面观，上皮由单层细胞组成，有柱状上皮、梭形细胞和锥体形细胞和杯状细胞四种细胞，细胞基底端均附于基膜；各细胞高矮不等，核的位置高低不齐，看似多层；柱状细胞游离面有大量纤毛；柱状细胞之间夹有杯状细胞（彩图 13-5）。

5．复层扁平上皮：又称复层鳞状上皮（食管，HE 染色）。

（1）低倍镜观察：食管管腔不规则，内腔面染色较深的为复层扁平上皮。其游离面较平整，基底面呈波纹状。

（2）高倍镜观察：多层细胞构成，细胞形状不一。基底层为紧贴基膜的一层低柱状细胞，核椭圆形，染色深，位于基底部；中间层为增殖分化形成的多层多边形细胞，核圆，位于细胞中央；浅层细胞为梭形。

分布于口腔和食管腔面等处的复层扁平上皮，浅层细胞有细胞核，胞质角蛋白含量少，称未角化的复层扁平上皮（彩图 13-6）；分布于皮肤表皮等处的复层扁平上皮，浅层细胞的细胞核消失，胞质充满角蛋白，并不断脱落，称角化的复层扁平上皮（彩图 13-7）。

【实验过程】

1．教师利用多媒体或显微摄像系统展示各个切片镜下观，边操作示教边讲解。

2．学生自行镜下观察所讲组织结构，教师辅导答疑。

3．将切片镜下观察到的结构绘制成图。

【绘制图像】

名称：

放大倍数：

名称：

放大倍数：

【实验反思】

1. 简述被覆上皮的分类及结构特点。
2. 概念：内皮、间皮。
3. 简述细胞之间的特化连接方式。

（马永贵）

实验十四　疏松结缔组织

【内容回顾】

结缔组织是由细胞和大量的细胞外基质组成的。细胞外基质包括纤维、无定型基质和组织液。细胞数量少，但种类多，分布于细胞外基质中，无极性（表 14-1、彩图 14-1）。

表 14-1　结缔组织的分类

分类	细胞
固有结缔组织	
疏松结缔组织	成纤维细胞、巨噬细胞、脂肪细胞、浆细胞、肥大细胞、未分化的间充质细胞等
致密结缔组织	成纤维细胞
脂肪组织	脂肪细胞
网状组织	网状细胞
软骨组织	软骨细胞
骨组织	骨细胞
血液	红细胞、白细胞、血小板

【实验目的】

1．掌握疏松结缔组织的结构特点。

2．熟悉致密结缔组织的结构特点。

3．了解脂肪组织的结构特点。

【实验材料】

1．仪器：多媒体或显微摄像系统、光学显微镜。

2．疏松结缔组织铺片（苏木精 - 伊红、锥虫蓝、地衣红染色）。

3．挂图：疏松结缔组织挂图。

【实验内容】

一、肉眼观察

见铺片呈紫红色，选择铺的较薄而均匀的区域观察。

二、低倍镜观察

可见纤维纵横交错，排列疏松，粉红色的带状纤维为胶原纤维。纤维之间分布有许多细胞。

三、高倍镜观察

（一）胶原纤维

排列成束，粗细不等，波浪形互相交织，呈粉红色（彩图 14-2）。

（二）细胞

1．成纤维细胞：是构成疏松结缔组织中最重要的、数量最多的细胞。细胞体积较大；

有多个长而尖的突起，细胞界限不清楚；细胞核大，卵圆形；细胞质弱嗜碱性，染色很浅。

2．巨噬细胞（彩图 14-3）：来源于血液中的单核细胞。功能活跃，细胞胞体不规则或圆形，可见短而钝的凸起，即伪足；细胞核较小，圆形或肾形，染色深；细胞质呈嗜酸性，HE 染色下，呈大小不等、分布不均的蓝色颗粒，含有大量溶酶体、吞噬体、吞饮小泡及残余体等，可含有异物。

3．浆细胞：来源于 B 淋巴细胞。细胞呈圆形或卵圆形；细胞核小而圆，常偏于细胞的一侧；染色质从细胞核的中心向核膜呈辐射状分布，呈车轮样；细胞质呈嗜碱性，在近胞核处有一浅染区。

4．肥大细胞：来源于骨髓的嗜碱性粒细胞祖细胞。肥大细胞常成群存在。细胞体积较大，圆形或卵圆形；细胞核小，圆形，位于细胞中央，染色浅；胞质内充满粗大的嗜碱性颗粒，可被醛复红染成紫色，具有异染性，染色时易被溶解，细胞呈空泡状。该颗粒可分泌组胺与白三烯参与机体的过敏反应；还可以分泌肝素，具有抗凝作用（彩图 14-4）。

5．脂肪细胞：细胞的胞体比较大，圆形或多边形，胞质内含有大量脂滴，将细胞核挤到细胞一侧，压成扁椭圆形。染色时脂滴易被溶解，脂肪细胞呈空泡状（彩图 14-5）。

6．未分化的间充质细胞：为幼稚细胞，分化程度低。多分布在小血管周围。形态似纤维细胞，可分化为成纤维细胞、内皮细胞和平滑肌细胞等。

（三）纤维

1．胶原纤维：数量最多，呈嗜酸性，HE 染色呈粉红色，波浪形，粗细不等，较粗的带状结构，交织成网。韧性大，抗拉力强（彩图 14-6）。

2．弹性纤维：分布很广，较细，有分支，交织成网。HE 染色呈淡红色，不易与胶原纤维区分。弹性好，抗拉力弱（彩图 14-6）。

3．网状纤维：分支多，交织成网。HE 染色不易着色，HE 染色下难辨认，镀银染色呈棕黑色（彩图 14-7）。

【实验过程】

1．教师利用多媒体或显微摄像系统观察切片，边操作示教边讲解。

2．学生自行观察镜下所讲组织结构，教师辅导答疑。

3．将切片镜下观察到的结构绘制成图。

【绘制图像】

名称：
放大倍数：

名称：
放大倍数：

【实验反思】

简述疏松结缔组织的组成。

（刘喜军）

实验十五 软骨和骨

【内容回顾】

软骨由软骨组织和周围的软骨膜构成。软骨组织主要由软骨细胞和软骨基质构成。

软骨可分为透明软骨、弹性软骨和纤维软骨。

骨是由骨组织和骨膜等构成的坚硬器官，主要有支持、运动和保护作用。

【实验目的】

1．掌握透明软骨、哈弗斯系统的结构特点。

2．了解骨的发生及发育过程。

3．了解软骨和骨在人体中的作用。

【实验材料】

1．仪器：多媒体或显微摄像系统、光学显微镜，透明软骨和骨的切片。

2．挂图：软骨和骨的挂图。

【实验内容】

一、软骨

1．骨祖细胞：软骨组织的干细胞，位于软骨组织和软骨膜的交界处。细胞体呈梭形，较小；细胞质少；细胞核呈细长形，染色深。

2．成软骨细胞：骨祖细胞增殖分化而成，位置更靠近软骨组织。细胞体扁圆形，较小。

3．软骨细胞：观察透明软骨（气管，HE 染色）。

（1）肉眼观察：管壁中央染成紫蓝色的部分为透明软骨。

（2）低倍镜观察：软骨的表面有一层致密结缔组织构成的软骨膜。深部为软骨组织。软骨基质呈均质状，嗜碱性，染成淡蓝色；内有大量小腔隙，为软骨陷窝。由外向内软骨陷窝逐渐变大。软骨陷窝周围的基质嗜碱性强，染色深为软骨囊。

（3）高倍镜观察：软骨细胞位于软骨陷窝内，软骨边缘的软骨细胞小且扁圆；软骨深部的软骨细胞体积较大，圆形或椭圆形，多成群分布；胞核圆；胞质弱嗜碱性。每一个软骨陷窝内的软骨细胞由同一个幼稚软骨细胞分裂而来，称同源细胞群（彩图 15-1）。

4．软骨基质：由均质状基质和纤维组成。

5．软骨膜：软骨表面被覆薄层致密结缔组织（彩图 15-2）。

二、骨

1．骨基质：即骨质，骨组织中钙化的细胞外基质。包括有机成分和无机成分，无机成分即骨盐，主要存在形式是羟基磷灰石结晶。

2．骨祖细胞：骨组织的干细胞，位于骨组织和骨膜的交界面，形态和骨膜中的纤维细胞相似。

3．成骨细胞：分布在骨组织表面，单层排列，矮柱状，胞质嗜碱性。

4．骨细胞：骨组织内有多个细长突起的细胞，均匀分散骨板之间或骨板内。胞体所在的腔隙称骨陷窝，突起所在的腔隙称骨小管。细胞体变小，扁椭圆形（彩图 15-3）。

5．破骨细胞：数量少，散在分布于骨组织表面，是巨大的多核细胞，胞质嗜酸性强。

观察骨磨片（长骨，HE 染色）。

低倍镜观察：

（1）外环骨板：在骨的外表面，由数层骨板组成，并与骨表面平行排列。

（2）内环骨板：在骨髓腔周围，骨板层次较少，排列不整齐。

（3）骨单位（哈佛系统）：位于内、外环骨板之间，由中央管（哈佛管）和 4 ~ 20 层的环形骨板（哈佛骨板）组成。

（4）间骨板：位于骨单位之间，为一些排列不规整的骨板。

（5）穿通管：穿行于内、外环骨板，并连接骨单位中央管之间的横行管道。

高倍镜观察：在骨板内或骨板间可见许多黑点状的骨陷窝，从骨陷窝向周围发出的许多黑色细线即骨小管，相邻骨陷窝之间骨小管相通。

【实验过程】

1．教师利用多媒体或显微摄像系统观察各个切片，边操作示教边讲解。

2．学生自行镜下观察所讲组织结构，教师辅导答疑。

3．将切片镜下观察到的（组织）结构绘制成图。

【绘制图像】

名称：

放大倍数：

名称：

放大倍数：

【实验反思】

概念：软骨陷窝、骨陷窝、骨小管、穿通管。

（王　强）

实验十六 血液

【内容回顾】

血液和淋巴分别是流动于心血管和淋巴管的液态组织。血液又称外周血，健康成人约有5 L，占体重的7%。

血液是由血细胞和血浆所组成。血细胞包括红细胞、白细胞、血小板，约占血液容积的45%，血浆占55%。

血细胞的形态、数量、百分比和血红蛋白含量的测定结果，临床上称为血象。

【实验目的】

1．掌握各类血细胞的光镜结构特点、血细胞的正常数值。

2．了解血液在临床中的应用。

【实验材料】

1．仪器：显微摄像系统或多媒体、光学显微镜、血涂片。

2．切片：血涂片。

3．挂图：血细胞的全套挂图。

【实验内容】

一、人血涂片（瑞氏染色）

1．低倍镜观察：选择细胞分布均匀处观察，红细胞数量多，为双面凹的圆盘状，无核，细胞质橘红色，细胞中央染色浅，边缘染色深。散在于红细胞之间，染色深的细胞为白细胞。

2．高倍镜观察：分辨各种白细胞形态结构特点。

二、红细胞

正常值：男性（4.5 ~ 5.5）$\times 10^{12}$/L，女性（4.0 ~ 5.0）$\times 10^{12}$/L。

红细胞呈双凹圆盘状，直径约7.5 μm，中央部呈浅红色。成熟的红细胞没有细胞核和细胞器，细胞质内充满血红蛋白，使红细胞呈红色（彩图17-1）。

正常成人血液中血红蛋白的含量：男性120 ~ 150 g/L，女性110 ~ 140 g/L。

三、白细胞

正常值：(4.0 ~ 10.0）$\times 10^{9}$/L。

1．中性粒细胞：在所有白细胞中数量最多，直径10 ~ 12 μm。核呈杆状或分叶状，一般为2 ~ 5叶，分叶间有有细丝相连；细胞质弱嗜酸性，呈粉红色，有大量细小的颗粒，分为嗜天青颗粒核和特殊颗粒。当机体受严重细菌感染时，大量新生细胞从骨髓进入血液，杆状核与2叶核的细胞增多，称核左移；若4 ~ 5叶核的细胞增多，称核右移，表明骨髓造血功能发生障碍（彩图17-2）。

2．嗜碱性粒细胞：数量最少，不易找到。细胞直径10 ~ 12 μm；细胞质内含有大量粗大的嗜碱性颗粒，大小不等，分布不均，染成蓝紫色；细胞核呈S形或不规则形，有时被颗粒遮盖，不易看清（彩图17-3）。

3．嗜酸性粒细胞：数量少，直径10 ~ 15 μm；细胞核多为2叶，八字形排列；胞质内有大量粗大的鲜红色嗜酸性颗粒（彩图17-4）。

4．单核细胞：在血细胞中最大，直径 14 ~ 20 μm。细胞核呈肾形、马蹄铁形或不规则形；染色质颗粒较松散，着色浅。胞质丰富，因弱嗜碱性而染成灰蓝色，内含许多细小的淡紫色嗜天青颗粒，为溶酶体（彩图 17-5）。

5．淋巴细胞：分为大、中、小三种，直径 6 ~ 8 μm 为小淋巴细胞，9 ~ 12 μm 为中淋巴细胞，13 ~ 20 μm 为大淋巴细胞；细胞核圆形，一侧常有浅凹，染色质浓密着色深；胞质少，染色呈天蓝色。根据淋巴细胞的发生来源、形态特点和免疫功能等不同，分为三类，分别是胸腺依赖淋巴细胞（T 细胞）、骨髓依赖淋巴细胞（B 细胞）和自然杀伤细胞（NK 细胞）（彩图 17-6）。

四、血小板

正常值：(100 ~ 300) × 10^9/L

血小板呈双凸圆盘状，直径 2 ~ 4 μm，血小板常聚集成群。胞质染色浅，含有紫色的小颗粒（彩图 17-7）。

【实验过程】

1．教师利用多媒体或显微摄像系统观察血涂片，边操作示教边讲解。

2．学生自行镜下观察所讲各种细胞形态结构，教师辅导答疑。

3．将切片镜下观察到的结构绘制成图。

【绘制图像】

名称：
放大倍数：

名称：
放大倍数：

【实验反思】

1．简述各类细胞的正常数值。

2．镜下区分各类白细胞。

（刘丽娇）

实验十七 肌组织和神经组织

【内容回顾】

肌组织主要由肌细胞和少量的结缔组织、血管、淋巴管及神经组成。肌细胞呈细长纤维形，称为肌纤维；细胞膜称肌膜；细胞质称肌质。

肌组织分为骨骼肌、心肌和平滑肌三种，前两种属横纹肌。骨骼肌受躯体神经支配，属于随意肌；心肌和平滑肌受自主神经支配，为不随意肌。

神经组织由神经细胞和神经胶质细胞组成。神经细胞又称神经元；神经胶质细胞对神经元起支持、保护、营养和绝缘等作用，也参与神经递质和活性物质的代谢活动。

神经胶质细胞分为中枢神经系统的胶质细胞和周围神经系统的胶质细胞。中枢神经系统的胶质细胞包括星形胶质细胞、少突胶质细胞、小胶质细胞、核室管膜细胞；周围神经系统的胶质细胞包括施万细胞和卫星细胞（彩图 16-1 至彩图 16-4）。

【实验目的】

1．掌握骨骼肌和心肌的结构；神经元胞体的结构特点；有髓神经纤维的结构。

2．熟悉平滑肌的结构。

3．了解肌束、神经纤维束的结构。

【实验材料】

1．仪器：显微摄像系统或多媒体、光学显微镜，肌组织、神经组织的切片。

2．挂图：肌组织、神经组织的挂图。

【实验内容】

一、肌组织

（一）骨骼肌（骨骼肌，HE 染色）

1．肉眼观察：纵切片上长条状结构为骨骼肌纵切面；圆形结构为其横切面。

2．低倍镜观察：纵切片上肌纤维平行排列，呈长圆柱状；横切面呈不规则形或圆形（见彩图 16-5）。

3．高倍镜观察：骨骼肌纤维细胞核较多，扁椭圆形，位于细胞边缘；可见明暗相间的横纹。纵切面上肌纤维长圆柱状，长 10 ~ 100 μm，长度不等，极少有分支，肌膜外面有基膜相贴；胞质染成红色；横切面肌纤维呈圆形或不规则形，周缘可见细胞核。在肌质中有沿肌纤维长轴平行排列的肌原纤维，细丝状（彩图 16-6）。

肌节：为相邻两条 Z 线之间的一段肌原纤维，由 1/2 个 I 带 +1 个 A 带 +1/2 个 I 带组成，是构成肌原纤维的结构与功能的基本单位。

（二）心肌（心，HE 染色）

1．低倍镜观察：纵切面上，可见心肌纤维呈短圆柱状，有分支；横切面呈不规则形或圆形（彩图 16-7）。

2．高倍镜观察：纵切面上，可见细胞核呈圆形或卵圆形，位于肌纤维中央，多为单核，偶见双核；肌纤维有不明显横纹；相邻肌纤维连接处有染色较深的横纹，即闰盘。横切面呈不规则形或圆形，可无核，如切到核，则位于肌纤维中央（彩图 16-8）。

（三）平滑肌（回肠，HE 染色）

1．低倍镜观察：肠壁有两种不同排列的平滑肌，内层为纵切面，外层为横切面（彩

图 16-9)。

2．高倍镜观察：纵切面上肌纤维呈长梭形，中央膨大；细胞核椭圆形，位于细胞中央；胞质嗜酸性，没有横纹。横切面呈不规则形或圆形，大小不一，较粗的切面有细胞核。(彩图 16-10)。

二、神经组织

(一)神经元

观察切片—脊髓（HE 染色）

1．肉眼观察：脊髓中央呈蝶形（或 H 形），染色较深的部分为脊髓灰质；周围染色较浅的部分为脊髓白质。灰质内一对较圆钝的膨大突起为前角，一对细而长的突起为后角。

2．低倍镜观察：前角中可见胞体较大的多突起细胞即为多极神经元（前角运动细胞）。选择其中结构完整的神经元，换高倍镜观察（彩图 16-11）。

3．高倍镜观察：多极神经元胞体大，呈圆形或多角形等；细胞质染色呈浅红色；细胞核大而圆，多位于胞体中央，核着色浅，核仁清楚可见；胞质内的紫蓝色小块状或颗粒结构为尼氏体。胞突多为树突，长短不一，内有尼氏体；轴突 1 个，轴突和轴丘内无尼氏体。在神经元周围有很多小而圆形的胞核为神经胶质细胞核（彩图 16-12）。

(二)有髓神经纤维(HE 染色)

1．横切面

（1）肉眼观察：切片上圆块状为神经横切面，每一切面内含有很多有髓神经纤维。

（2）低倍镜观察：在整个神经外面包绕的结缔组织即为神经外膜，其中含有血管与脂肪细胞等。结缔组织伸入神经内，将其分成大小不等的神经纤维束，包在每个神经纤维束外面的结缔组织为神经束膜；伸入神经纤维束内，包在每条神经纤维外面的结缔组织为神经内膜。

（3）高倍镜观察：可见神经纤维为大小不等的圆形结构，中央染成紫红色的小点是轴突横切面，即轴索；轴突周围浅染区是髓鞘。髓鞘外围染成红色的环状结构为神经膜。

2．纵切面

（1）肉眼观察：切片上长条状为神经纵切面。

（2）低倍镜观察：在整条神经外面有神经外膜，内有紧密平行排列的有髓神经纤维（彩图 16-13）。

（3）高倍镜观察：有髓神经纤维中央染成紫红色的一条线状结构为轴突；轴突两边呈泡状或网格状结构为髓鞘；髓鞘外缘染成浅红色的细线状结构为神经膜，并可见蓝色的椭圆形施万细胞胞核。神经纤维上每隔一段距离，神经膜向内凹陷，为相邻的施万细胞不完全连接，髓鞘中断形成一个狭窄区即为郎飞结；相邻两个郎飞结之间的一段神经纤维为一个结间段（彩图 16-14）。

(三)躯体运动神经末梢

运动终板：长轴突在骨骼肌细胞表面，失去髓鞘，轴突反复分支，每一个分支末梢形成圆盘状隆起，称为运动终板（彩图 16-15）。

【实验过程】

1．教师利用多媒体或显微摄像系统观察切片，边操作示教边讲解。

2．学生自行镜下观察所讲组织结构，教师辅导答疑。

3．将切片镜下观察到的结构绘制成图。

【绘制图像】

名称：
放大倍数：

名称：
放大倍数：

【实验反思】

1．简述骨骼肌和心肌的异同点。

2．简述神经组织的组成，神经元的形态，神经胶质细胞的种类。

3．概念：肌节、闰盘、郎飞结、节间段。

（刘　鹏）

实验十八　消化系统微细结构

【内容回顾】

消化系统由消化管和消化腺组成。消化管壁从内向外由黏膜层（上皮、固有层和黏膜肌层）、黏膜下层、肌层和外膜构成（彩图 18-1）。

肝的基本结构与功能单位是肝小叶（彩图 18-2）。

胰腺包括内分泌部和外分泌部两部分，内分泌部无导管，外分泌部有导管。

【实验目的】

1．光镜下辨认食管的四层结构。

2．光镜下辨认胃黏膜结构，识别胃腺主细胞、壁细胞的形态特点。

3．光镜下分辨小肠黏膜结构，识别肠绒毛结构特点。

4．光镜下辨认肝小叶的各种结构及肝门管区的三种管道。

5．光镜下分辨胰腺的腺泡和胰岛。

【实验材料】

1．仪器：显微摄像系统或多媒体、光学显微镜、消化系统各器官组织切片。

2．挂图：消化系统微细结构的全套挂图。

【实验内容】

一、消化管

（一）食管

【实验要求】在低倍镜下观察食管的四层结构；高倍镜下观察食管腺（彩图 18-3）。

1．黏膜：分为三层，即上皮、固有层、黏膜肌层。上皮为复层扁平上皮；固有层为结缔组织；黏膜肌层为 1 ～ 2 层平滑肌构成。

2．黏膜下层：含有较多的食管腺，周围聚集很多淋巴细胞和浆细胞。

3．肌层：食管上 1/3 只有骨骼肌，中 1/3 为骨骼肌和平滑肌的混合肌，下 1/3 只有平滑肌。

4．外膜：为纤维膜。

（二）胃

【实验要求】在低倍镜下观察胃壁的四层结构（主要观察黏膜层）（彩图 18-3）；高倍镜下观察胃底腺的主细胞和壁细胞。

黏膜表面布满 350 万个不规则的小孔，为上皮下陷形成，称为胃小凹。

1．黏膜：上皮为单层柱状上皮。固有层内有排列紧密的管状腺，根据位置和结构不同，分为胃底腺、贲门腺和幽门腺。胃底腺由主细胞、壁细胞、颈黏液细胞等组成。主细胞数量最多，位于腺的下半部，柱状；细胞核圆形，位于基底部；胞质强嗜碱性，顶部充满胃蛋白酶原颗粒。主要分泌胃蛋白酶原。壁细胞位于腺的上半部，细胞体积大，圆行或锥体形；细胞核深染，居中；胞质嗜酸性。分泌盐酸和内因子（彩图 18-5）。

2．黏膜下层：为疏松结缔组织。

3．肌层：分为内斜、中环、外纵三层平滑肌。

4．外膜：为浆膜。

（三）小肠

【实验要求】低倍镜下观察小肠壁的四层结构（主要观察黏膜层）；辨认小肠绒毛（彩

图 18-6）。高倍镜下观察小肠腺。

1．黏膜：黏膜表面有许多细小的，由上皮和固有层共同向肠腔伸出形成的指状突起，称为小肠绒毛。小肠绒毛外周为上皮细胞，由吸收细胞、杯状细胞和少量内分泌细胞组成；内部为固有层的结缔组织构成；中央有 1 ～ 2 条盲端起始的毛细淋巴管，称为中央乳糜管（彩图 18-7）。

小肠绒毛深面的固有层有小肠腺。上皮为单层柱状上皮，绒毛处由吸收细胞、杯状细胞和少量内分泌细胞组成，小肠腺除上述细胞外，还有帕内特细胞和干细胞。帕内特细胞位于小肠腺底部，细胞锥体形，细胞核圆形或卵圆形，细胞顶部充满粗大的嗜酸性颗粒，被染成红色。

2．肌层：有内环、外纵二层平滑肌。

3．外膜：为浆膜。

二、消化腺

（一）肝

【实验要求】低倍镜下观察肝小叶、中央静脉、肝板、肝血窦（彩图 18-8）；高倍镜下观察门管区（彩图 18-9），以及肝细胞形态结构和辨认小叶间静脉、小叶间动脉和小叶间胆管。

1．肝小叶：多边棱柱状，中央有一条沿长轴走行的中央静脉，周围是呈放射状排列的肝索和肝血窦。肝索主要由肝细胞构成。肝细胞多面体形，数量多。肝血窦内有的肝巨噬细胞，又称库普弗（Kupffer）细胞，形态不规则，胞质嗜酸性。

2．门管区：相邻肝小叶之间的结缔组织，内有小叶间静脉、小叶间动脉和小叶间胆管（彩图 18-9）。

（二）胰腺

【实验要求】低倍镜下辨认胰腺的腺泡和胰岛（彩图 18-10）。

分为外分泌部和内分泌部。

1．外分泌部：主要由复管泡状腺构成。腺泡细胞呈锥体形，细胞核圆形，位于基部。胰腺腺泡腔面可见一个较小的扁平或立方形的泡心细胞，胞质染色浅，细胞核圆形或卵圆形，是延伸入腺泡腔内的闰管起始部上皮细胞。导管由闰管、小叶内导管、小叶间导管和主导管组成。

2．内分泌部：即胰岛，主要由 A、B、D 和 PP 细胞组成。A 细胞体积较大，分布在胰岛的周边部，分泌胰高血糖素；B 细胞主要分布在胰岛的中央部，分泌胰岛素；D 细胞数量少，调节 A、B 细胞的分泌活动（彩图 18-11）。

【实验过程】

1．教师利用多媒体或显微摄像系统观察切片，边操作示教边讲解。

2．学生自行镜下观察所讲各种细胞形态结构，教师辅导答疑。

3．将切片镜下观察到的结构绘制成图。

【绘制图像】

名称：
放大倍数：

名称：
放大倍数：

【实验反思】

简述消化管壁的四层结构。

（潘　琦）

实验十九　呼吸系统微细结构

【内容回顾】

呼吸系统由呼吸道和肺组成。临床上把鼻、咽、喉称为上呼吸道；气管、支气管称为下呼吸道。气管和主支气管管壁由黏膜、黏膜下层和外膜构成，主要结构是以“C”形透明软骨环作支架，黏膜腔面被覆假复层纤毛柱状上皮（彩图 19-1）。

肺实质分为导气部和呼吸部，导气部包括肺叶支气管、肺段支气管、小支气管、细支气管和终末细支气管。随着不断分支，管径变细，管壁变薄，终末细支气管黏膜上皮变成单层柱状上皮，杯状细胞、腺体和软骨都消失，管壁出现完整的环形平滑肌。呼吸部包括呼吸性细支气管、肺泡管、肺泡囊和肺泡。肺泡上皮由Ⅰ型和Ⅱ型肺泡上皮细胞组成，是进行气体交换的唯一场所。

【实验目的】

1．掌握气管和肺的结构。

2．光镜下辨认气管和肺的微细结构。

【实验材料】

1．仪器：显微摄像系统或多媒体、光学显微镜、气管和肺切片。

2．挂图：呼吸系统微细结构的全套挂图。

【实验内容】

一、气管

【实验要求】低倍镜下辨认气管的结构（彩图 19-2）。

1．黏膜：上皮为假复层纤毛柱状上皮，夹有杯状细胞，固有层内含有腺体导管、血管和淋巴组织等。

2．黏膜下层：为疏松结缔组织，有较多的混合性腺体。

3．外膜：较厚，有透明软骨和结缔组织。

二、肺

【实验要求】低倍镜下辨认小支气管、细支气管、终末细支气管等，高倍镜下观察肺泡管、肺泡囊、肺泡。

1．导气部：小支气管、细支气管、终末细支气管

2．呼吸部（彩图 19-3）

（1）呼吸性细支气管：管壁出现完整平滑肌。

（2）肺泡管：管壁呈结节状。

（3）肺泡囊：管壁平滑肌消失，无结节状膨大。

（4）肺泡：肺泡上皮细胞有 2 种（彩图 19-4）。

Ⅰ型肺泡上皮细胞：数量多，为扁平细胞。

Ⅱ型肺泡上皮细胞：数量少，为立方形。

【实验过程】

1．教师利用多媒体或显微摄像系统观察切片，边操作示教边讲解。

2．学生自行镜下观察所讲各种细胞形态结构，教师辅导答疑。

3. 将切片镜下观察到的结构绘制成图。

【绘制图像】

名称：
放大倍数：

名称：
放大倍数：

【实验反思】

简述肺实质的分部及各部的组成。

（梁　潇）

实验二十 泌尿与生殖系统微细结构

【内容回顾】

肾实质分为肾皮质和肾髓质两部分，含有大量泌尿小管。它包括肾单位和集合管二部分，是产生尿液的结构。

睾丸实质主要由大量生精小管构成，生精小管壁由生精上皮构成，生精上皮由生精细胞和支持细胞组成。

卵巢含有不同发育阶段的卵泡，卵泡由卵母细胞和卵泡细胞组成，卵泡发育分为原始卵泡、初级卵泡、次级卵泡和成熟卵泡四个阶段。

【实验目的】

1．掌握肾的结构、睾丸实质的结构、卵巢的主要结构。

2．学会辨认肾、睾丸、卵巢的微细结构。

3．熟悉泌尿系统和生殖系统的组成。

4．了解膀胱的结构、附睾的结构。

【实验材料】

1．仪器：显微摄像系统或多媒体、光学显微镜、泌尿系统和生殖系统的切片。

2．挂图：泌尿系统和生殖系统的全套挂图。

【实验内容】

一、肾

构成肾的最基本的结构与功能单位是肾单位，由肾小体和肾小管组成。肾小体由血管球和肾小囊构成。肾小管由近端小管、细段和远端小管构成（彩图 20-1、彩图 20-2、彩图 20-3）。

球旁复合体由球旁细胞、致密斑和球外系膜细胞组成（彩图 20-4）。

1．低倍镜观察：被膜下肾皮质内可见许多球状肾小体和各种不同切面的肾小管，其中近曲小管呈深红色，切面数量多，远曲小管呈淡红色，切面数量少；髓质无肾小体，其内可见各种切面排列的小管。

2．高倍镜观察：肾皮质内，肾小体由内部的血管球和外周的肾小囊构成，前者为一团盘曲的毛细血管，后者为双层囊状结构，可见肾小囊脏、壁两层间的肾小囊腔。肾小体血管极端可见致密斑。近曲小管位于肾小体附近，管腔小而不规则，管壁厚，细胞界限不清。远曲小管位于近曲小管之间，管腔大而规则，管壁薄，由单层立方上皮构成，细胞分界较清楚。

二、睾丸

生精细胞：从基底部至腔面依次是精原细胞、初级精母细胞、次级精母细胞、精子细胞和精子。

睾丸间质细胞：位于生精小管之间，富含血管、淋巴管的疏松结缔组织（彩图 20-5）。

在显微镜下观察：白膜边缘逐渐增厚为睾丸纵隔，此处可见血管和不规则腔隙，此腔隙即为睾丸网。白膜内侧可见大量不同切面的精曲小管和少量疏松结缔组织。精曲小管中有不同发育阶段的生精细胞和处于其间的支持细胞。精原细胞在精曲小管外周的一层细胞，呈圆形或椭圆形，染色浅。初级精母细胞在精原细胞的内侧，次级精母细胞在初级精母细胞的内侧，细胞核圆形，染色较深，有时不易观察到。精子细胞在近管腔成群分布，细胞核圆形，着色深。晚期精子细胞可为多种形态。精子以头部嵌入支持细胞内或游离于生精小管管腔内，形似蝌蚪，头部着色深，尾部常因切片被切断。在睾丸间质内可见较大的睾丸间质细胞。

三、卵巢

卵泡呈球形，由一个卵母细胞和包绕在其周围的多个卵泡细胞组成。卵泡发育是个连续的生长过程，一个卵泡从发育至成熟约需 85 天，分为原始卵泡、初级卵泡、次级卵泡和成熟卵泡。初级卵泡和次级卵泡合成生长卵泡。

在显微镜下观察（彩图 20-6）：卵巢外周皮质中含有不同发育阶段的卵泡和闭锁卵泡。原始卵泡位于皮质浅层，体积小，数量多，常成群分布。卵泡中央可见一个初级卵母细胞，大而圆。初级卵母细胞周围有一层扁平的卵泡细胞。初级卵泡中可见透明带，其外面可见一层呈放射状排列的柱状卵泡细胞，形成放射冠。环绕于卵泡外周的结缔组织为卵泡膜。次级卵泡呈囊泡状，可见由初级卵母细胞及其周围卵泡细胞构成的卵丘突入卵泡腔内。成熟卵泡不易见到。闭锁卵泡因产生阶段不相同而形态多样。黄体被结缔组织自外周伸入分隔成若干小区。

【实验过程】

1．教师利用多媒体或显微摄像系统观察切片，边操作示教边讲解。

2．学生自行镜下观察所讲组织、细胞形态结构，教师辅导答疑。

3．将切片镜下观察到的结构绘制成图。

【绘制图像】

名称：

放大倍数：

名称：

放大倍数：

【实验反思】

简述肾的构成。

（马德航）

实验二十一　脉管系统微细结构

【内容回顾】

心血管系统由心、动脉、毛细血管和静脉组成。

血管壁从腔面向外依次为内膜、中膜和外膜。内膜由内皮和内皮下层组成。内皮下层为薄层结缔组织。中动脉中膜以平滑肌为主，大动脉中膜以弹性膜为主。外膜由疏松结缔组织组成。

【实验目的】

1．掌握动脉、静脉管壁、心壁的组织结构。

2．在光镜下确认心壁的微细结构；确认动脉管壁的一般特征，识别中动脉、中静脉在结构上异同。

3．熟悉毛细血管管壁的结构。

4．了解淋巴管的结构。

【实验材料】

1．仪器：显微摄像系统或多媒体、光学显微镜，心脏和中动、静脉切片。

2．挂图：脉管系统的全套挂图。

【实验内容】

一、心

（一）肉眼观察

找到心壁内腔面完整的部位（在心瓣膜根部观察，效果最好），在显微镜下观察，利于观察心内膜结构。

（二）在显微镜下观察

1．心内膜：内皮为单层扁平上皮，与出入心脏的大血管内皮相连续，表面光滑，利于血液流动。内皮下层由结缔组织构成。心内膜下层有浦肯野纤维等结构。

2．心肌层：主要由心肌纤维构成，内纵行、中环形和外斜行三层。左心室肌最厚。

3．心外膜：即心包的脏层，为浆膜。

4．心瓣膜：位于房室孔和动脉口处，是心内膜向腔内凸起形成的薄片状结构，表面为内皮。

二、中动、静脉

（一）肉眼观察

管腔大、管壁薄的为中静脉，管腔小、管壁厚的为中动脉。

（二）在显微镜下观察（彩图 21-1、彩图 21-2）

1．中动脉

（1）内膜：内皮下层较薄，中动脉与中膜交界处有一层弹性纤维聚集而成的、明显的内弹性膜。

（2）中膜：较厚，10 ～ 40 层环行平滑肌纤维组成。

（3）外膜：厚度与中膜接近，由疏松结缔组织构成。

2．中静脉

（1）内膜：内膜薄，内皮下层含少量平滑肌纤维。

（2）中膜：与相伴行的中动脉相比较薄，环行平滑肌纤维分布稀疏。

（3）外膜：比中膜厚，由疏松结缔组织组成。

【实验过程】

1．教师利用显微摄像系统或多媒体观察切片，边操作示教边讲解。

2．学生自行镜下观察所讲切片的结构，教师辅导答疑。

3．将切片镜下观察到的结构绘制成图。

【绘制图像】

名称：
放大倍数：

名称：
放大倍数：

【实验反思】

简述中动脉、中静脉微细结构的差别。

（潘　琦）

第二章

病理学实验教程

第一节　实验须知

一、实验课的目的和意义

病理学是一门以形态学研究方法为主的学科，病理学实验课在病理教学中的作用至关重要。在实验课中，学生通过对病变组织、器官的形态学观察，联系其功能代谢的变化及临床症状、体征，从而达到理论与实践相结合、基础与临床相结合的目的。实验课的学习，既可以让学生系统掌握病理学基本知识，又可以培养学生独立思考、分析问题、解决问题的能力，为以后各专业临床课的学习打下良好的基础，使其真正地发挥“桥梁学科”的作用。

二、实验课的内容安排

1．大体标本观察（肉眼）

2．组织切片观察（镜下）

3．典型临床病例病理讨论

4．镜下绘图

三、标本观察方法

病理学标本观察方法包括肉眼观察和组织切片镜下观察。在观察标本时，要将肉眼改变与镜下改变相互联系，达到知识的融会贯通。

（一）大体标本观察

遵循先整体后局部，先表面后内部的顺序观察。

1．首先识别标本是何种器官：与相应的正常器官相比较，观察该器官的大小、形状、色泽是否正常。

2．表面与切面情况

（1）颜色：暗红或苍白、灰白或灰黑、深黄或棕黄等。

（2）包膜：器官的包膜是菲薄、透明，还是增厚、混浊。

（3）光滑度：平滑或粗糙。

（4）质地：软、硬、韧、松脆等。

3．病灶情况

（1）在器官上的位置。

（2）数量：单个或多个，局限或弥散。

（3）颜色：正常器官应保持其固有的色泽，如有不同着色，则往往是由于内源性或外源性色素的影响。如暗红色表示含血量多，黄绿色表示含胆汁，黄色表示含有脂肪或类脂。

（4）大小：体积以长 × 宽 × 厚表示，面积以长 × 宽表示，均以厘米计。也可以常见的实物大小来形容，如米粒大、黄豆大、鸡蛋大、成人拳头大等。

（5）形状：圆形、不整形、乳头状、菜花状、结节状等。

（6）病变与周围组织的关系：境界清楚或模糊。有无压迫或破坏，有无包膜，包膜是否完整，脏器间有无粘连等。

说明：实验所观察的大体标本，一般经过 10% 甲醛溶液固定，其大小、颜色、硬度与新鲜标本会有所不同。

（二）组织切片观察

1．依据大体标本的观察，进一步确定病变部位，进行镜下观察。

2．镜下观察：注意切勿将切片放反，以免压碎玻片，观察时遵循先低倍再高倍的原则。

（1）低倍镜：是镜检的主要手段，可以洞察全局，了解组织结构的改变。观察时上下左右扫视全片，确认是何种组织、病变的部位和性质，并明确病变与周围组织的关系。切忌一开始就用高倍镜观察。

（2）高倍镜：主要观察组织和细胞的微细结构和形态变化。

（3）绘图：病理绘图十分重要，学生通过绘图可加强对病变组织的观察、理解和记忆，也是能力训练的一个重要环节。

绘图的方法是：首先仔细观察病变的镜下表现，找出比较典型的区域，然后用铅笔淡淡勾出轮廓（注意各种成分的位置、比例、关系等）。对草图满意后，再用红蓝铅笔分别涂出细胞质、间质和细胞核等。落笔由轻到重，色彩由浅入深。画图要有边框（圆形或方框）和注解（写于一侧或底部）。绘图时也应本着真实的原则，不可人为加工，教材上的图谱可供参考，但不要模仿。

四、实验课注意事项

1．遵守实验室规则。

2．爱护显微镜、教学标本和病理切片，以及实验室其他用具，不得损坏。

3．课前仔细阅读实验教程，复习有关理论，了解实验的目的与要求。

4．按要求完成实验报告。

（许连静）

第二节 病理解剖学实验项目

实验二十二 细胞和组织的适应、损伤与修复

【内容回顾】

细胞和组织的适应有四种形式：萎缩、肥大、增生、化生；损伤分为可逆性损伤（变性）、不可逆性损伤（坏死）两大类：常见的变性类型有细胞水肿、脂肪变性、玻璃样变性；常见的坏死类型有凝固性坏死、液化性坏死和坏疽；修复通过再生和纤维修复两种形式来完成。

【实验目的】

1．识别萎缩、肥大、增生、化生、细胞水肿、脂肪变性、玻璃样变、坏死的病理变化。

2．掌握萎缩及坏死的类型、肉芽组织形态及功能。

3．通过病例讨论相关疾病的病理变化。

4．结合镜下观察按要求绘图。

【实验内容】

病变	大体标本	组织切片
萎缩	肾盂积水	
肥大	原发性高血压心脏	
化生		支气管黏膜鳞状上皮化生 胃黏膜肠上皮化生
变性	肾浊肿 脂肪肝	肾小管上皮细胞水肿 肝脂肪变性 脾小动脉玻璃样变性
坏死	足干性坏疽 小肠湿性坏疽	
其他		肉芽组织

一、萎缩

肾压迫性萎缩（肾盂积水）

肉眼观：因肾盂积水而引起的肾萎缩，肾体积增大，肾盂、肾盏高度扩张，肾实质变薄，切面呈囊状。

二、肥大

心肌肥大（原发性高血压心脏）

肉眼观：心脏体积增大、重量增加、心肌肥厚，以左心室增厚最为显著（彩图 22-1）。

三、化生

1．支气管黏膜鳞状上皮化生

镜下观：部分支气管黏膜由正常的假复层纤毛柱状上皮转变为鳞状上皮。

2．胃黏膜肠上皮化生

镜下观：胃黏膜腺体可见大量杯状细胞（彩图 22-2）。

四、变性

1．肾浊肿

肉眼观：肾体积增大，色泽浑浊。

镜下观：肾近曲小管上皮细胞肿胀，管腔变小，胞质内见有大量粉红色微细颗粒（彩图 22-3）。

2．肝脂肪变性

肉眼观：肝体积增大，包膜紧张，切面黄色，有油腻感。

镜下观：肝细胞胞质内见有大小不等的圆形空泡状脂滴，部分肝细胞核偏于一端（彩图 22-4）。

3．脾小动脉玻璃样变性

镜下观：脾小动脉壁呈均质、红染的玻璃样物质。

五、坏死

1．足干性坏疽

肉眼观：足趾、足背及足底部分皮肤坏死，坏死区干燥，皱缩，呈黑褐色，质硬，坏死部位与正常组织界限清楚。

2．小肠湿性坏疽

肉眼观：小肠肿胀、湿润，坏死区呈暗红色或黑色，与健康组织分界不清。

六、肉芽组织

镜下观：

（1）低倍镜：肉芽组织表面有一层炎性渗出物，其下可见大量新生的毛细血管向表面垂直生长，其间可见成纤维细胞。

（2）高倍镜：新生毛细血管由单层内皮细胞构成，成纤维细胞体积较大，胞质丰富、淡红色，呈梭形（较成熟）或分支状（较幼稚），核椭圆形或梭形；可见各种炎细胞。

【病例讨论】

患者，男，47 岁，吸烟 20 余年，近 5 年来季节变换时出现咳嗽，咳白色泡沫状痰，临床诊断为慢性支气管炎，行支气管镜检及黏膜活检。镜下切片可见大量淋巴细胞浸润，部分黏膜柱状上皮被鳞状上皮取代。

思考题：

1．支气管黏膜上皮发生了什么病变？为什么会出现如此改变？

2．此病变出现的原因有哪些？对机体有哪些影响？

【绘图】

名称：

放大倍数：

名称：

放大倍数：

（许连静）

实验二十三　局部血液循环障碍

【内容回顾】

局部血液循环障碍包括充血、淤血、出血、血栓形成、栓塞和梗死；重要器官的淤血——肺淤血、肝淤血（肺淤血的原因为左心衰竭，肝淤血的原因为右心衰竭），淤血的病理变化及后果；血栓形成的条件及栓子的运行途径，栓子的类型（血栓栓子最常见）；梗死的类型——出血性梗死、贫血性梗死。

【实验目的】

1．识别淤血、血栓形成、栓塞、梗死的病理变化。

2．掌握血栓与栓塞的类型。

3．通过病例讨论相关疾病的病理变化。

4．结合镜下观察按要求绘图。

【实验内容】

病变	大体标本	组织切片
淤血	肝淤血	肝淤血
	肺淤血	肺淤血
梗死	肾梗死	肾梗死
	脾梗死	
	肺梗死	
	肠梗死	
血栓		混合血栓
栓塞		羊水栓塞

一、淤血

（一）慢性肝淤血

1．肉眼观：肝体积增大，表面光滑，包膜紧张。切面见红褐色与黄白色相间的肝组织，极似“槟榔”，故称槟榔肝（彩图 23-1）。

2．镜下观

（1）低倍镜：认出肝小叶、中央静脉、肝索、肝窦及汇管区。

（2）高倍镜：中央静脉及其周围肝窦扩张、充血，邻近中央静脉的肝细胞萎缩，甚至消失，严重者肝小叶淤血区之间相互连接。肝小叶边缘的肝细胞可有水肿和脂肪变性（彩图 23-2）。

（二）慢性肺淤血

1．肉眼观：肺体积增大，呈灰褐色，质地变硬。

2．镜下观

（1）低倍镜：肺泡壁增厚，肺泡壁内毛细血管扩张充血。

（2）高倍镜：肺泡腔内含淡红色水肿液及心力衰竭细胞。心力衰竭细胞：为含棕褐色的含铁血黄素颗粒的巨噬细胞，在肺泡腔内不均匀分布（彩图 23-3）。

二、梗死

（一）肾梗死

1．肉眼观：肾切面被膜下见一略呈楔形的梗死区，其尖端指向肾门，底部朝向肾表面。梗死区呈灰白色，质地实，干燥，与周围正常组织界限清楚，周围有红褐色充血、出血带（彩图 23-4）。

2．镜下观：梗死区可见肾小球及肾小管轮廓，细胞核固缩、碎裂、溶解。

（二）脾梗死

肉眼观：梗死灶多位于被膜下，一般呈三角形，灰白色，尖端指向脾门，底部指向脾的表面。梗死灶与正常组织界线清楚，周围有暗红色充血出血带。

（三）肺梗死

肉眼观：梗死区多呈三角形，尖端指向肺门，底部指向肺表面，梗死区因出血而成暗红色，其质地变实。

（四）肠梗死

肉眼观：梗死区呈节段性分布，梗死肠段肿胀呈暗红色。

三、血栓

混合血栓：镜下可见血小板小梁和网罗红细胞的纤维素。

四、栓塞

羊水栓塞：镜下可见肺泡间隔毛细血管内有大量羊水成分（脱落的角化物及脂质）。

【病例讨论】

患者，男，66 岁，反复咳嗽喘息气促 1 年，近期加重，咳粉红色泡沫样痰伴胸闷、呼吸困难、心悸 7 天，入院，临床诊断肺水肿伴心力衰竭。

思考题：

1．肺淤血、肺水肿患者为什么会咳出粉红色泡沫样痰？

2．肺淤血、肺水肿患者为什么临床上会出现明显的呼吸困难？

【绘图】

名称：
放大倍数：

名称：
放大倍数：

（许连静）

实验二十四　炎症

【内容回顾】

炎症是机体对外界损伤因子所做出的复杂防御反应，是损伤 - 抗损伤 - 修复的综合过程。炎症局部表现为红、肿、热、痛，以及功能障碍；全身反应包括发热、白细胞计数改变、实质器官的病变等。炎症在临床上分为急性炎症和慢性炎症，急性炎症的病理类型根据渗出物的不同分为：浆液性炎、纤维素性炎、化脓性炎和出血性炎。

【实验目的】

1．识别纤维素性炎、化脓性炎、增生性炎的病理变化。

2．掌握炎症的分类和病变特征。

3．通过病例讨论相关疾病的病理变化。

4．结合镜下观察按要求绘图。

【实验内容】

病变	大体标本	组织切片
纤维素性炎	气管白喉 绒毛心	
化脓性炎	急性化脓性阑尾炎 肾脓肿	急性化脓性阑尾炎 肾脓肿
增生性炎	肠息肉 慢性胆囊炎	肠息肉 慢性胆囊炎

一、纤维素性炎

（一）气管白喉

肉眼观：喉部组织已剪开，在黏膜表面可见一层灰白色膜状物（即假膜）。

（二）绒毛心

肉眼观：心包腔已打开，心外膜表面粗糙，在心包腔脏、壁两层表面可见薄、厚不一的灰白色破絮状渗出物附着其上，呈绒毛状，因此又称绒毛心。

二、化脓性炎

（一）急性化脓性阑尾炎

1．肉眼观：阑尾肿胀增粗，浆膜面粗糙、失去光泽，小血管扩张充血，表面附有灰白、灰黄色脓苔，腔内含粪石。

2．镜下观

（1）低倍镜：镜下可见阑尾组织，阑尾各层可见大量炎细胞浸润；黏膜上皮不完整，坏死脱落于阑尾腔，腔内可见脓性渗出物。

（2）高倍镜：阑尾各层可见充血、水肿和大量中性粒细胞浸润。浆膜层可见脓性渗出物。

3．诊断要点：阑尾各层中性粒细胞弥漫浸润（彩图 24-1）。

（二）肾脓肿

1．肉眼观：肾表面见多发散在的灰白色脓肿灶。

2．镜下观

（1）低倍镜：局部组织坏死，肾组织中有多个圆形或椭圆形脓肿灶，周围组织境界清楚。

（2）高倍镜：坏死灶内可见大量变性、坏死的中性粒细胞。

3．诊断要点：局部组织坏死，坏死灶内可见大量变性、坏死的中性粒细胞（彩图24-2）。

三、增生性炎

（一）肠息肉

1．肉眼观：肠黏膜表面可见大小、形态不一的突起，其基底与肠壁有蒂相连，肠壁增厚，质地变硬。

2．镜下观

（1）低倍镜：镜下可见肠息肉。肠黏膜下可见肉芽组织，部分黏膜上皮、腺体及间质增生。

（2）高倍镜：间质有大量单核细胞、淋巴细胞、嗜酸性粒细胞及浆细胞浸润。

3．诊断要点：黏膜上皮、腺体、间质增生，慢性炎细胞浸润。

（二）慢性胆囊炎

1．肉眼观：标本为由结石导致的慢性胆囊炎，胆囊壁增厚，质地变硬，灰白色。

2．镜下观

（1）低倍镜：镜下可见胆囊黏膜发生萎缩，各层均有炎细胞浸润，纤维化明显。

（2）高倍镜：各层可见淋巴细胞、浆细胞浸润。

3．诊断要点：各层淋巴细胞、浆细胞浸润；纤维化显著。

【病例讨论】

患者，女，18 岁，晨起时上腹部不适，约 8 个小时后右下腹疼痛明显。临床诊断为急性阑尾炎，手术切除后见阑尾肿胀，失去光泽，表面附有脓苔，镜下见中性粒细胞弥漫性浸润。

思考题：

1．结合所学知识，说出该患者的病理诊断是什么。

2．该患者的阑尾发生了什么性质的炎症？

【绘图】

名称：
放大倍数：

名称：
放大倍数：

（许连静）

实验二十五 肿瘤

【内容回顾】

肿瘤是机体在各种致瘤因子作用下，细胞异常增殖所形成的新生物，常表现为局部肿块。肿瘤包括良性肿瘤和恶性肿瘤，可根据大体形态和组织学特点来区分；良性肿瘤常见的有脂肪瘤、纤维瘤、平滑肌瘤等，恶性肿瘤常见的有鳞癌、腺癌、胃癌、乳腺癌等。

【实验要求】

1．识别常见良性、恶性肿瘤的病理变化。

2．掌握肿瘤的一般形态学特点，良、恶性肿瘤的区别。

3．通过病例讨论相关疾病的病理变化。

4．结合镜下观察按要求绘图。

【实验内容】

病变	大体标本	组织切片
良性肿瘤	皮肤乳头状瘤	皮肤乳头状瘤
	乳腺纤维腺瘤	乳腺纤维腺瘤
	脂肪瘤	脂肪瘤
	子宫平滑肌瘤	子宫平滑肌瘤
	卵巢黏液性囊腺瘤	
恶性肿瘤	皮肤鳞状细胞癌	高分化鳞癌
	肠癌	肠腺癌
	皮下纤维肉瘤	纤维肉瘤
	乳腺癌	乳腺癌
	胃癌	
	骨肉瘤	
其他	畸胎瘤	

一、良性肿瘤

（一）皮肤乳头状瘤

1．肉眼观：肿瘤突出于皮肤表面，形成许多指状乳头状突起，根部有蒂，无浸润现象，切面见灰白色结缔组织，位于增生的乳头轴心。

2．镜下观

（1）低倍镜：肿瘤呈乳头状，实质为增生的鳞状上皮，间质为血管及纤维组织，有少量炎细胞浸润。

（2）高倍镜：肿瘤细胞分化成熟，排列似正常鳞状上皮，细胞层次多，可见角化，基底膜完整。

3．诊断要点：被覆鳞状上皮增生，形成乳头或手指样突起，乳头中心为纤维血管性间质（彩图 25-1）。

（二）乳腺纤维腺瘤

1．肉眼观：结节状、球形肿物，包膜完整，切面灰白、质韧。

2．镜下观：肿瘤组织境界清楚，有完整的纤维组织包膜，肿瘤实质成分为两种，增生的编织状排列的纤维样组织以及增生的呈腺管样结构的瘤组织。部分腺腔由于增生的纤维样组织挤压而弯曲呈裂隙状或管状（彩图 25-2）。

（三）脂肪瘤

1．肉眼观：肿瘤呈圆形或扁圆形，分叶状，包膜完整，黄色，质软，有油腻感（似正常脂肪组织）。

2．镜下观：形似正常脂肪细胞，与正常脂肪组织的区别是有包膜和纤维间隔（彩图 25-3）。

（四）子宫平滑肌瘤（多发）

1．肉眼观：子宫肌壁间、内膜下或浆膜下可见多个大小不等的球形结节，境界清楚，质韧，切面灰白、编织状（彩图 25-4）。

2．镜下观：肿瘤呈圆形结节，与周围组织界限清楚，肿瘤细胞分化好，大小、形态一致，呈编织状排列。

（五）卵巢黏液性囊腺瘤

肉眼观：囊性肿物，表面光滑，切面肿瘤多房性，灰白色，房壁菲薄，光滑湿润，囊腔内充以黏稠液体。

二、恶性肿瘤

（一）皮肤鳞状细胞癌

1．肉眼观：皮肤表面菜花状肿物，表面有溃疡形成。切面灰白，呈蟹足状向周围组织浸润性生长，边界不清。

2．镜下观

（1）低倍镜：癌细胞呈巢状排列，即癌巢，与间质分界清楚。高分化癌巢中可见层状红染的圆形或不规则形角化珠，低分化鳞癌则不见或少见角化物质。

（2）高倍镜：高分化鳞癌细胞分化好，核大深染，可见核分裂象和细胞间桥，癌巢中心为红染层状角化物，即角化珠。低分化鳞癌细胞分化差，癌细胞呈多角形或圆形，排列紊乱，常见病理性核分裂象，无角化珠与细胞间桥，间质有炎细胞浸润。

3．诊断要点：排列呈巢状，高分化者可见细胞间桥和角化珠（彩图 25-5）。

（二）肠癌

1．肉眼观：肿瘤突出于肠黏膜表面，呈灰白色，椭圆形，表面凹凸不平。切面灰白色，底部向肠壁浸润性生长，肠壁增厚，肠腔狭窄（彩图 25-6）。

2．镜下观

（1）低倍镜：黏膜面可见大量排列不规则的肿瘤组织，并弥漫浸润生长，癌组织形成大小不等、形态不一的腺样巢状结构，腺腔大小不一，形态不一，有共壁和背靠背现象。

（2）高倍镜：细胞层次增多，极向紊乱，部分分化较好的腺泡可见腺腔内有分泌现象。

3．诊断要点：肿瘤组织由增生的大小不一、形态不规则的腺样结构构成；癌细胞异型性明显（彩图 25-7）。

（三）皮下纤维肉瘤

1．肉眼观：好发于四肢皮下组织，呈浸润性增长，肿瘤为结节分支状，质硬，切面灰白或灰红色，湿润似鱼肉状，包膜不完整，边界不清。

2．镜下观：肿瘤实质、间质交错存在，细胞成分多，纤维成分少；肿瘤由长梭形细胞组成，呈束状交叉排列，细胞有异型性，核分裂象易见，多见瘤巨细胞。

（四）乳腺癌

1．肉眼观：乳头下陷，皮肤呈橘皮样外观，肿瘤切面灰白色、无包膜，质硬，呈树根样浸润生长，可浸润到大部分乳腺组织。

2．镜下观：癌细胞排列成巢状、团索状，伴有少量腺样结构，肿瘤间质有致密的结缔组织增生（彩图 25-8）。

（五）胃癌

肉眼观：胃黏膜巨大溃疡，形状不规则，边缘隆起增厚，黏膜皱襞消失，底部不平坦（彩图 25-9）。

（六）骨肉瘤

肉眼观：好发于四肢长骨干骺端，尤其是股骨下端和胫骨上端。切面见瘤组织充满骨髓腔，灰白色，鱼肉状，有放射状的骨样组织，肿瘤破坏骨皮质，掀起其表面的骨膜。

三、畸胎瘤

源于生殖细胞的肿瘤，含有两个或三个胚层组织成分。包膜完整，切面多囊性，腔内含有大量灰黄色皮质样物，混有毛发、牙齿、骨质等，囊内壁可见头结节（彩图 25-10）。

【病例讨论】

患者，女，54 岁，5 年前做过肠癌切除术，近期胸闷、咳嗽、咯血入院，X 线片可见右下肺占位性病变，临床诊断疑似肺癌，病理标本镜下观察可见癌细胞，并可见肺组织内有肠腺体组织存在。

思考题：

1．该患者的病理诊断是什么？

2．该患者的肺组织切片中为何见到肠的腺体组织？

【绘图】

名称：
放大倍数：

名称：
放大倍数：

（许连静）

实验二十六　呼吸系统疾病

【内容回顾】

慢性阻塞性肺疾病（COPD）和肺炎是呼吸系统的常见病、多发病。慢性支气管炎常见的并发症有肺气肿、肺心病、支气管扩张等；肺炎按病变累及范围的大小分为大叶性肺炎、小叶性肺炎和间质性肺炎，大叶性肺炎和小叶性肺炎可从原因、人群、发病特点、预后来区分。

【实验目的】

1．识别大叶性肺炎、小叶性肺炎的病理变化。

2．掌握呼吸疾病的“三部曲”。

3．通过病例讨论相关疾病的病理变化。

4．结合镜下观察按要求绘图。

【实验内容】

病变	大体标本	组织切片
慢性阻塞性肺疾病		慢性支气管炎
	肺气肿	肺气肿
	支气管扩张	
肺炎	大叶性肺炎	大叶性肺炎（灰色肝样变期）
	小叶性肺炎	支气管肺炎
		间质性肺炎
其他	硅沉着病（矽肺）	硅沉着病（矽肺）
	肺癌	肺癌

一、慢性阻塞性肺疾病

（一）慢性支气管炎

镜下观

（1）低倍镜：黏膜上皮局灶性坏死脱落，部分上皮发生鳞状化生；支气管壁见大量炎细胞浸润。

（2）高倍镜：纤毛参差不齐或稀疏脱落。杯状细胞明显增生，支气管黏膜和黏膜下层血管扩张充血，间质水肿，大量淋巴细胞、单核细胞浸润。黏膜下腺体增生肥大，浆液腺黏液化。

（二）肺气肿

1．肉眼观：肺组织体积增大，边缘钝圆，组织柔软、弹性差。肺尖部有多数明显的空泡状隆起，为扩大融合的肺泡。切面可见病变处肺组织的蜂窝状结构，小支气管及细支气管腔内有分泌物阻塞。

2．镜下观

（1）低倍镜：肺泡腔呈不同程度的充气扩张，肺泡间隔变窄并断裂。部分区域相邻肺泡融合成较大的囊腔，其内有时还可见间质和肺小动脉构成的悬梁结构（彩图 26-1）。

（2）高倍镜：肺泡间隔内毛细血管床数量减少，间质内肺小动脉内膜纤维性增厚。小支气管和细支气管可见慢性炎症细胞浸润。

（三）支气管扩张

肉眼观：在肺切面上可见支气管呈筒状、囊状或阶段性显著扩张，有时两种扩张同时存在，扩张的支气管数目多者切面呈蜂窝状。扩张的支气管壁增厚，黏膜表面粗糙，管腔内的脓性分泌物已流失。病变支气管周围肺组织发生程度不等的受压萎缩、纤维化或有肺气肿。

二、肺炎

（一）大叶性肺炎（灰色肝样变期）

1．肉眼观：病变肺叶肿胀、灰白色，质实如肝。

2．镜下观：肺泡壁毛细血管受压变细，肺泡腔内有大量纤维素、中性粒细胞渗出（彩图 26-2）。

（二）小叶性肺炎

1．肉眼观：上、下肺叶表面（为背侧）散在分布多个灰黄色病灶，尤以下叶为重。切面：病灶大小不一，直径多在 0.2 ~ 1 cm，形状不规则，灰白色或灰黄色，有的病灶中央可见支气管断面，下叶有一融合性病灶，亦可称融合性小叶性肺炎。

2．镜下观：病灶中心可见细支气管，黏膜上皮细胞坏死脱落，腔内可见脓性分泌物；周围肺泡腔内可见大量中性粒细胞、少量巨噬细胞及纤维素等渗出，部分病灶内肺组织固有结构被破坏，形成小脓肿（彩图 26-3）。

三、其他

（一）硅沉着病（矽肺）

1．肉眼观：肺组织坚实可竖立，胸膜增厚。肺表面及切面可见到特征的圆形、粟粒大小、散在、境界清楚的灰白色硅结节，触之有沙砾感，还可见大量黑色炭末沉积。结节布满全肺，并可融合成团块。肺门淋巴结可有同样病变。

2．镜下观：肺组织中可见多个大小不等、圆形或椭圆形、深红染结节状病灶（硅结节），间质纤维增生，炎细胞浸润，大量黑色炭末沉积。

（二）肺癌

肉眼观：此标本为中央型肺癌。多发生于主支气管或肺叶支气管，在肺门处可见一形状不规则、灰白色肿物，沿主支气管壁向周围肺组织像树根样浸润生长，肺门淋巴结受累肿大。肿瘤无包膜，与周围肺组织分界不清，干燥、质脆。

【病例讨论】

患者，男，17 岁，上午冒着小雨与朋友打篮球，晚间突发高热、寒战、咳嗽、咳铁锈色痰，呼吸困难入院，X 线片见右肺下叶片状阴影，临床诊断肺炎。

思考题：

1．此病例为何种类型的肺炎？辨别要点是什么？

2．比较大叶性肺炎和小叶性肺炎的区别。

【绘图】

名称：
放大倍数：

名称：
放大倍数：

（于会春）

实验二十七　心血管系统疾病

【内容回顾】

高血压、动脉粥样硬化、风湿病是心血管系统的常见病、多发病。高血压会引起心、脑、肾等多器官的病变；冠状动脉粥样硬化可引发心绞痛、心肌梗死；风湿病最常累及心脏。

【实验目的】

1．识别动脉粥样硬化、高血压及风湿性心肌炎的病理变化。

2．掌握高血压的并发症、冠心病的类型及特点。

3．通过病例讨论相关疾病的病理变化。

4．结合镜下观察按要求绘图。

【实验内容】

病变	大体标本	组织切片
动脉粥样硬化	主动脉粥样硬化 冠状动脉粥样硬化	冠状动脉粥样硬化
高血压	高血压心脏向心性肥大 原发性颗粒性固缩肾	
风湿性心脏病	风湿性心内膜炎	风湿性心肌炎

一、动脉粥样硬化

（一）主动脉粥样硬化（纤维斑块期）

肉眼观：动脉内膜上散在大小不等的灰白色、蜡滴样突起斑块，为脂质沉积和纤维素增生所致。

（二）冠状动脉粥样硬化（粥样斑块期）

1．肉眼观：动脉内膜上斑块破溃形成粥样溃疡或钙盐（灰白色）沉着，横切面斑块呈新月形，冠状动脉腔狭窄严重。

2．镜下观：表层为纤维帽（玻璃样变性），深层为大量坏死物、胆固醇结晶及钙盐沉积，底部可见肉芽组织、少量泡沫细胞及淋巴细胞；中膜不同程度萎缩、变薄（彩图 27-1）。

二、高血压

（一）高血压心脏向心性肥大

肉眼观：见彩图 22-1（心肌肥大）。

（二）原发性颗粒性固缩肾

肉眼观：病侧肾体积缩小，质地变硬，表面凹凸不平，呈均匀一致的细小颗粒状。切面皮质变薄，皮髓质界限不清（彩图 27-2）。

三、风湿性心脏病

（一）风湿性心内膜炎

肉眼观：二尖瓣闭锁缘上可见一排直径为 1 ～ 2 mm 大小、半透明、灰白色、串珠状排列的小颗粒（疣状赘生物），附着牢靠。

（二）风湿性心肌炎

1．镜下观

（1）低倍镜：心肌间质小血管周围可见由成簇细胞构成的梭形或椭圆形病灶，此即风湿小体。

（2）高倍镜：风湿小体之中央有少许伊红色絮状物质，为纤维素样坏死物，其外可见许多聚积成团的风湿细胞（或称 Aschoff 细胞）。该细胞体积较大，呈梭形或多边形，胞质丰富，嗜碱性，核大、呈卵圆形、空泡状，染色质集中于核的中央。横切面似枭眼状，纵切面似毛虫状。风湿小体最外层有少量淋巴细胞、单核细胞及浆细胞浸润。

3．诊断要点：心肌间质形成具有特征性的 Aschoff 小体（彩图 27-3）。

【病例讨论】

患者，女，57 岁，高脂饮食多年，心前区疼痛 3 年，近期加重，伴呼吸困难入院。入院前 3 年，心前区多于劳累或饭后压迫性疼痛，每次持续 3 ～ 5 分钟，舌下含服硝酸甘油、休息后缓解。入院前 3 个月，疼痛渐频繁，休息时也发作，入院前 10 小时，于睡眠中突感心前区剧痛，伴大汗淋漓，呼吸困难，咳粉红色泡沫痰，急诊入院。经治疗无好转，于次日死亡。

思考题：

1．该患者的死亡原因是什么？病情发展的经过是什么？

2．试述冠心病的分类及特点。

【绘图】

名称：

放大倍数：

名称：

放大倍数：

（董淑芬）

实验二十八 消化系统疾病

【内容回顾】

消化系统最常见的疾病是溃疡和肝硬化。消化性溃疡包括胃溃疡和十二指肠溃疡，二者从发病规律上、病理特点上及并发症上可鉴别；我国肝硬化的最常见原因是病毒性肝炎，尤其是乙型肝炎和丙型肝炎，最常见的肝硬化类型是门脉高压性肝硬化，这种肝硬化的肝表面形成均匀一致的小结节，病理诊断要点是假小叶的形成。

【实验目的】

1．识别溃疡病、肝硬化的病理变化。

2．掌握胃溃疡、十二指肠溃疡的区别；门脉性肝硬化的临床表现。

3．通过病例讨论相关疾病的病理变化。

4．结合镜下观察按要求绘图。

【实验内容】

病变	大体标本	组织切片
溃疡病	胃溃疡 十二指肠溃疡	胃溃疡
肝硬化	肝硬化	肝硬化
消化系统肿瘤	食管癌 胃癌 肝癌	

一、溃疡病

（一）胃溃疡

1．肉眼观：胃黏膜表面可见一卵圆形病灶，直径约 2 cm；溃疡边缘光滑整齐，底部平坦干净，周边黏膜萎缩变薄，黏膜皱襞自溃疡向四周呈放射状排列（彩图 28-1）。

2．镜下观

（1）低倍镜：两侧为正常胃组织，中间凹陷缺损处为溃疡部，溃疡可深达肌层。

（2）高倍镜：溃疡底部从内到外可分为四层。①炎性渗出层：中性粒细胞和纤维素渗出。②坏死组织层：红染、无结构的坏死物质。③肉芽组织层：幼稚的纤维结缔组织、成纤维细胞、毛细血管较多，少许炎细胞浸润。④瘢痕组织层：由纤维组织组成，可发生玻璃样变性。

3．诊断要点：黏膜凹陷缺损处为病变，底部从内到外四层结构（彩图 28-2）。

（二）十二指肠溃疡

肉眼观：于十二指肠球部可见一椭圆形病灶，直径约 0.5 cm，形似胃溃疡。

二、肝硬化（门脉性）

1．肉眼观：肝体积缩小，表面及切面可见大小均匀一致的小结节，结节呈黄褐色或黄绿色，结节周边有纤维组织包绕，纤维间隔多呈灰白色（彩图 28-3）。

2．镜下观

（1）低倍镜：正常肝小叶结构破坏，由大小不等的圆形或椭圆形肝细胞团组成（假小叶），假小叶周边围绕较多的纤维组织，其中有淋巴细胞浸润及小胆管增生（彩图 28-4）。

（2）高倍镜：假小叶具有以下特点：①肝细胞排列紊乱，部分肝细胞变性坏死并可见再生肝细胞。②中央静脉缺如、偏位或有两个以上中央静脉。③部分假小叶内见有汇管区。

3．诊断要点：正常肝小叶结构完全破坏，由假小叶取代。

三、消化系统肿瘤

（一）食管癌（髓质型）

肉眼观：食管壁均匀增厚，管腔狭窄，癌组织切面为灰白色，质软如脑髓，表面可见浅表溃疡。

（二）胃癌（溃疡型）

肉眼观：见彩图 25-9（胃癌）。

（三）肝癌（巨块型）

肿瘤为一圆形实体巨快，质地较软，中心部常有出血坏死，在大的癌块周边常有散在的小结节。

【病例讨论】

患者，女，45 岁，一国企财务主管，工作废寝忘食。最近总是上腹部疼痛，饭后明显加重，经自行服用治疗“胃病”的药后不见好转，去医院就诊，医生首先安排胃镜检查。

思考题：

1．该患者饭后上腹部疼痛是怎么了？

2．胃镜检查的目的是什么？

【绘图】

名称：
放大倍数：

名称：
放大倍数：

（罗　爽）

实验二十九　泌尿系统疾病

【内容回顾】

大部分原发性肾小球肾炎是由免疫因素引起的，病变以肾小球的损伤为主。肾小球肾炎的常见病理类型有：急性弥漫性增生性肾小球肾炎、新月体性肾小球肾炎、慢性肾小球肾炎等。肾盂肾炎常好发于女性，常由尿路感染引起。

【实验目的】

1．识别各型肾小球肾炎、慢性肾盂肾炎的病理变化

2．掌握慢性肾小球肾炎与慢性肾盂肾炎的区别。

3．通过病例讨论相关疾病的病理变化。

4．结合镜下观察按要求绘图。

【实验内容】

病变	大体标本	组织切片
肾小球肾炎	急性弥漫性增生性肾小球肾炎 新月体性肾小球肾炎 慢性肾小球肾炎	急性弥漫性增生性肾小球肾炎 新月体性肾小球肾炎 慢性肾小球肾炎
肾盂肾炎	慢性肾盂肾炎	慢性肾盂肾炎
泌尿系统肿瘤	肾癌	肾透明细胞癌

一、肾小球肾炎

（一）急性弥漫性增生性肾小球肾炎

1．肉眼观：肾体积肿大，包膜紧张，表面光滑，新鲜标本呈红色，称“大红肾”。肾表面或切面可见小出血点如蚤咬状，又称蚤咬肾（彩图 29-1）；切面皮质增厚，皮髓质分界尚清。

2．镜下观

（1）低倍镜：病变弥漫，累及几乎所有肾小球，肾小球内细胞数目增多，肾小球体积增大，肾间质充血、炎细胞浸润。

（2）高倍镜：肾小球内血管内皮细胞和系膜细胞增生肿胀伴少量中性粒细胞浸润、单核细胞浸润，毛细血管腔狭小甚至闭塞，很少见到红细胞；肾小管上皮细胞水肿变性，管腔内可见蛋白管型；肾间质毛细血管扩张充血、炎细胞浸润。

3．诊断要点：肾小球内血管内皮细胞和系膜细胞增生肿胀伴中性粒细胞浸润；肾小球内细胞数目增多。

（二）新月体性肾小球肾炎

1．肉眼观：肾弥漫性肿大，包膜紧张，表面光滑，色苍白；切面皮质区常有点状出血。

2．镜下观

（1）低倍镜：多数肾小球内可见新月体和环状体形成（彩图 29-2）。

（2）高倍镜：肾小球囊壁层上皮细胞高度增生呈多层，状如新月；部分肾小球纤维化或玻璃样变性，肾小管萎缩，部分肾小球代偿性肥大，肾小管扩大；间质纤维增生，伴少量淋巴细胞浸润。

3．诊断要点：新月体形成。

（三）慢性肾小球肾炎

1．肉眼观：肾体积缩小、重量减轻，质硬，表面呈弥漫细颗粒状。

2．镜下观：大量肾小球纤维化及玻璃样变性，所属肾小管萎缩消失；残存肾单位代偿性肥大；出现“肾小球集中”现象。

二、肾盂肾炎

慢性肾盂肾炎

1．肉眼观：肾体积缩小，质硬，表面有大而不规则的凹陷瘢痕灶（彩图 29-3）。

2．镜下观：病变呈不规则片状，间质纤维组织增生、大量慢性炎细胞浸润；肾盂黏膜增厚，局部上皮脱落或有鳞状化生。

三、泌尿系统肿瘤

肾癌

1．肉眼观：肿瘤位于肾一端，境界清楚；切面淡黄色、灰白色或多彩色；可有癌周“卫星”结节。

2．镜下观（肾透明细胞癌）：癌细胞体积大，呈多角形，轮廓清楚，胞质清亮透明；细胞核较小，深染；血管丰富，间质少。

【病例讨论】

患儿，男，7 岁，10 天前上呼吸道感染，近日低热、头晕、食欲缺乏，眼睑、下肢水肿，尿量减少。尿呈洗肉水样，临床诊断急性肾炎。

思考题：

1．根据描述判断患者属于哪种类型的肾小球肾炎。

2．根据病理变化解释临床症状。

【绘图】

名称：

放大倍数：

名称：

放大倍数：

（许连静）

实验三十　生殖系统疾病

【内容回顾】

宫颈癌、乳腺癌是生殖系统常见的恶性肿瘤。宫颈上皮不典型增生、原位癌与宫颈癌之间有着密切的关系，掌握病理上的区分十分必要；乳腺癌有多种类型，其中浸润性导管癌是最常见的乳腺癌类型。

【实验目的】

1．识别宫颈癌、乳腺癌的病理变化。

2．掌握宫颈上皮不典型增生、原位癌、宫颈癌之间的演变关系。

3．通过病例讨论相关疾病的病理变化。

4．结合镜下观察按要求绘图。

【实验内容】

病变	大体标本	组织切片
子宫疾病	子宫腺肌病	
	子宫平滑肌瘤	
	宫颈癌	宫颈原位癌
		宫颈鳞癌
滋养层细胞疾病	葡萄胎	葡萄胎
	绒毛膜癌	绒毛膜癌
乳腺癌	浸润性导管癌	浸润性导管癌

一、子宫疾病

（一）子宫腺肌病

肉眼观：子宫弥漫或局灶性增大、质硬，切面肌层隆起，肌纤维旋涡状，其中可见紫红色或棕黄色，质软，桑葚样结节。

（二）子宫平滑肌瘤

肉眼观：见彩图 25-4。

（三）宫颈癌（外生型）

1．肉眼观：肿块呈结节状、乳头状或菜花状，突起于宫颈表面，灰白色，质脆（彩图 30-1）。

2．镜下观

（1）宫颈原位癌：子宫颈上皮全层癌变，基底膜完整。

（2）宫颈鳞癌：癌细胞形成大小及形状不等的癌巢，癌巢周围被纤维结缔组织分割，伴淋巴细胞浸润；癌细胞为多角形，大小不一，核深染，可见病理性核分裂象。

二、滋养层细胞疾病

（一）葡萄胎

1．肉眼观：子宫腔扩张，其内可见大小不等的透明水泡，直径 0.1 ~ 1 cm，壁薄，水泡间有纤细的纤维条索相连，状似葡萄（彩图 30-2）。

2．镜下观：绒毛间质高度水肿，滋养层细胞增生，间质血管较少或消失。

（二）绒毛膜癌

1．肉眼观：子宫体积不规则增大，表面可见紫红色结节，切面见血样肿块充满子宫腔，并侵入肌层。

2．镜下观：成片增生及分化不良的滋养层细胞侵入肌层和血管，滋养层细胞有明显的异型性，核分裂像多见，无间质，无绒毛，广泛出血。

三、乳腺癌

浸润性导管癌

1．肉眼观：见实验二十五“肿瘤”。

2．镜下观：见彩图 25-8。

【病例讨论】

患者，女，46 岁，因接触性出血近 1 年，加重 1 个月后入院，妇科检查见宫颈后唇呈菜花样增生，质脆，触之易出血，宫颈病理活检回报：(宫颈）鳞状细胞癌。

思考题：

1．该病例诊断的思考线索有哪些？

2．描述切片镜下病理变化。

【绘图】

名称：

放大倍数：

名称：

放大倍数：

（许连静）

实验三十一　内分泌系统疾病

【内容回顾】

内分泌系统疾病以甲状腺疾病为代表，包括弥漫性非毒性甲状腺肿、弥漫性毒性甲状腺肿、甲状腺功能低下、甲状腺炎和甲状腺肿瘤。甲状腺肿主要包括毒性甲状腺肿、结节性甲状腺肿；甲状腺癌中以乳头状癌最常见。

【实验目的】

1．识别甲状腺腺瘤和甲状腺腺癌的病理变化。

2．掌握非毒性甲状腺肿的分期及各期的病理特点，熟悉其临床病理联系。

3．通过病例讨论相关疾病的病理变化。

4．结合镜下观察按要求绘图。

【实验内容】

病变	大体标本	组织切片
甲状腺肿	毒性甲状腺肿	毒性甲状腺肿
	结节性甲状腺肿	结节性甲状腺肿
甲状腺腺瘤	滤泡性腺瘤	
甲状腺癌	乳头状癌	乳头状癌

一、甲状腺肿

（一）毒性甲状腺肿

1．肉眼观：甲状腺弥漫性对称性肿大，表面光滑，质软，切面灰红色，呈分叶状，胶质含量少，质如肌肉。

2．镜下观：甲状腺滤泡形态、大小不一，以小型滤泡为主；腔内胶质稀薄，靠近上皮处胶质有吸收空泡；间质血管丰富，有大量淋巴细胞浸润。

（二）结节性甲状腺肿

1．肉眼观：甲状腺呈不对称性结节状肿大，结节大小不等，表面凹凸不平，常无完整包膜；切面棕黄或棕红色，可伴出血、坏死、囊性变和钙化。

2．镜下观：部分滤泡过度扩大，使滤泡大小差别较大，部分滤泡上皮呈柱状或乳头样增生，小滤泡形成；间质纤维组织增生、间隔包绕形成大小不等的结节状病灶，可有出血、坏死和囊性变（彩图 31-1）。

二、甲状腺腺瘤

滤泡性腺瘤

肉眼观：腺瘤多为单发，圆形，境界清楚，包膜完整；切面多为实性，暗红色，可有出血、坏死和囊性变。

三、甲状腺癌

乳头状癌

1．肉眼观：肿瘤圆形，无包膜，质地较硬，切面灰白或棕黄色，粗糙呈绒毛状外观，因钙化而有砂粒感。

2．镜下观：癌组织围绕纤维血管中心呈乳头状排列，其外被覆单层或多层立方及柱状细胞，核染色质少，常见透明或毛玻璃状，无核仁；核沟和包涵体常见；间质内可见钙化小体，乳头分支多。

【病例讨论】

患者，女，40岁，半年前经常出现颈部疼痛、头晕，曾按颈椎病治疗不见好转。之后出现消瘦无力，颈部疼痛加重，心悸、怕热多汗，情绪易激动，食欲亢进，体重明显减轻，遂来院就诊。入院后行甲状腺次全切除术，送病理检查。

思考题：

1．本病的病理诊断最可能是什么？

2．根据所学知识描述该病的病理变化。

【绘图】

名称：
放大倍数：

名称：
放大倍数：

（梁　潇）

实验三十二　传染病和寄生虫病

【内容回顾】

本次实验的重点内容是传染病中的结核病和病毒性肝炎。结核病最常受累的器官是肺，临床以肺结核多见，分为原发性肺结核和继发性肺结核两大类；诊断结核病的病理学依据为镜下见干酪样坏死灶和朗格汉斯细胞；病毒性肝炎有六种类型，我国最常见的肝炎类型是乙型肝炎。

【实验目的】

1．识别结核病、病毒性肝炎的病理变化。

2．掌握原发性肺结核、继发性肺结核的病变特征及类型。

3．通过病例讨论相关疾病的病理变化。

4．结合镜下观察按要求绘图。

【实验内容】

病变	大体标本	组织切片
结核病	肺结核球 慢性纤维空洞型肺结核	淋巴结结核
肝炎		急性普通型病毒性肝炎
其他	肠伤寒	肠伤寒 乙型脑炎

一、结核病

（一）淋巴结结核

镜下观：淋巴结内可见干酪样坏死，坏死边缘有类上皮细胞、朗格汉斯细胞构成的结核结节（彩图 32-1）。

（二）肺结核球

肉眼观：肺内可见一孤立的、有纤维包裹的、境界清楚的球形干酪样坏死灶，直径 2 ~ 5 cm，影像片上很难与周围型肺癌相鉴别。

（三）慢性纤维空洞型肺结核

肉眼观：肺内可见一个或多个厚壁空洞，多位于肺上叶，大小不一，形状不规则，空洞内壁有干酪样坏死物。

二、肝炎

急性普通型病毒性肝炎

镜下观：肝细胞广泛变性，坏死轻微，大量肝细胞发生胞质疏松化和气球样变性（彩图 32-2）。

三、肠伤寒

1．肉眼观：回肠黏膜孤立淋巴结及集合淋巴结肿胀增生，呈圆形或椭圆形隆起，表面凸凹不平如脑回。

2．镜下观：在肠壁黏膜下层，可见胞质丰富、染色较浅、核圆而偏于一侧的单核巨噬细胞，胞质常吞噬有细胞碎屑、淋巴细胞、红细胞及伤寒杆菌等，称为“伤寒细胞”。伤寒细胞往往形成许多境界不清的小结节，称为伤寒小结或伤寒肉芽肿。

四、乙型脑炎

镜下观：见脑组织内部分神经细胞变性、坏死，其周围可见到噬神经细胞现象，即胶质细胞及中性粒细胞侵入神经细胞内。部分胶质细胞围绕神经细胞，即神经细胞卫星现象。亦可见许多疏松网状结构，即软化灶。胶质细胞常呈弥漫性或结节状增生。脑实质内小血管扩张充血，其周围有多少不等的淋巴细胞浸润，为淋巴细胞袖套现象。

【病例讨论】

患儿，男，12岁，低热、反复咳嗽1个月余，无痰，自行服用感冒药不见好转，家长带其到医院就诊，X线片显示肺门哑铃状阴影。询问病史，患儿有夜间盗汗现象。

思考题：

1．患儿最可能的诊断是什么？

2．原发性肺结核与继发性肺结核的区别有哪些？

【绘图】

名称：

放大倍数：

名称：

放大倍数：

（许连静）

附录一　组织学微细结构彩图

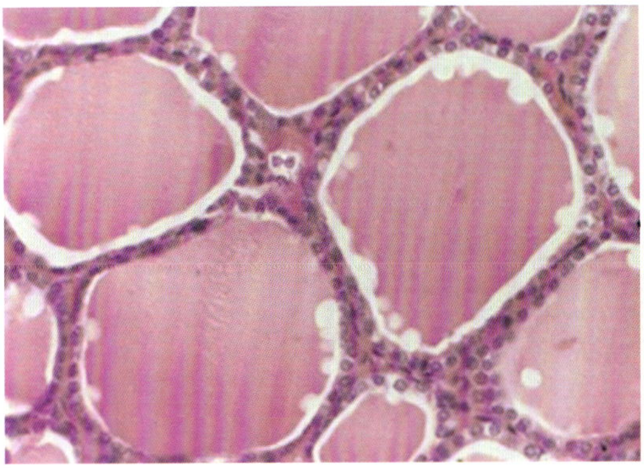

彩图 **12-2**　甲状腺

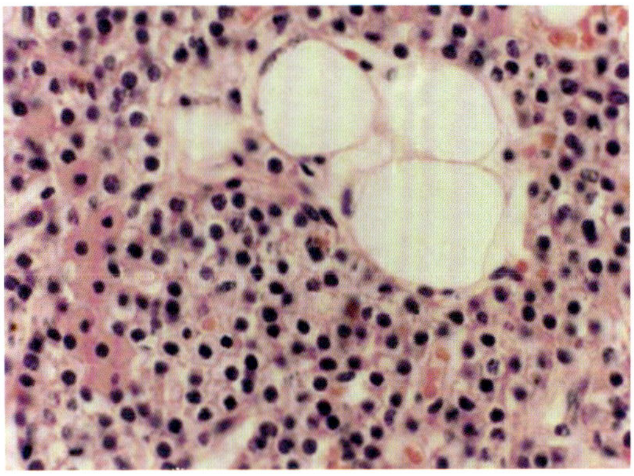

彩图 **12-3**　甲状旁腺

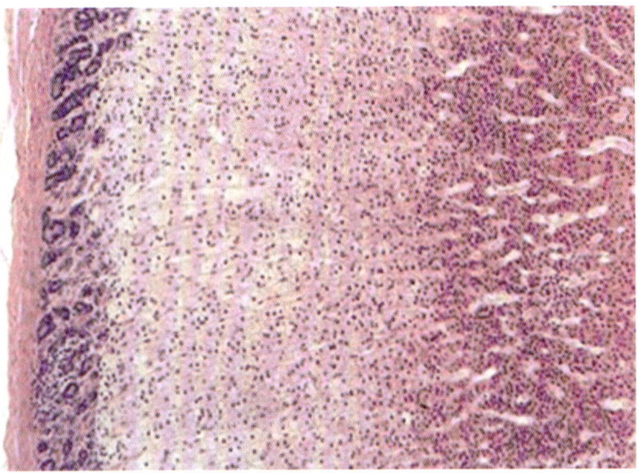

彩图 **12-5**　肾上腺

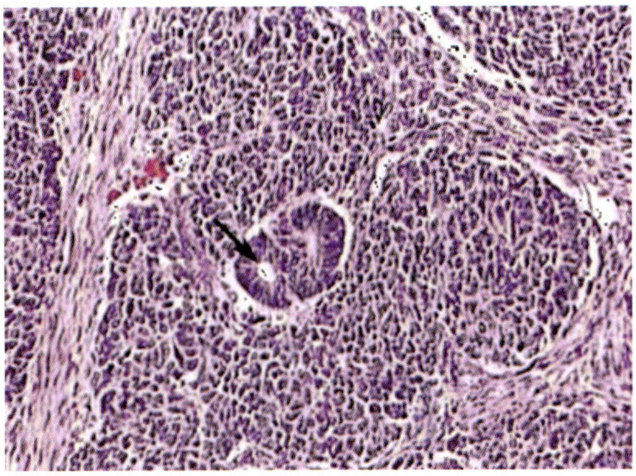

彩图 **12-7**　松果体

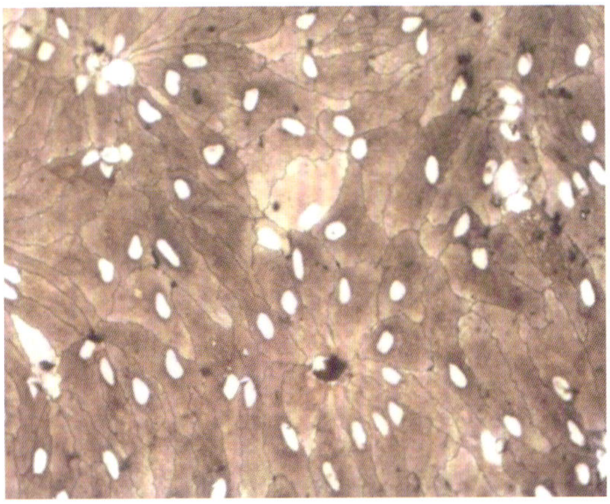

彩图 **13-1**　单层扁平上皮（低倍）

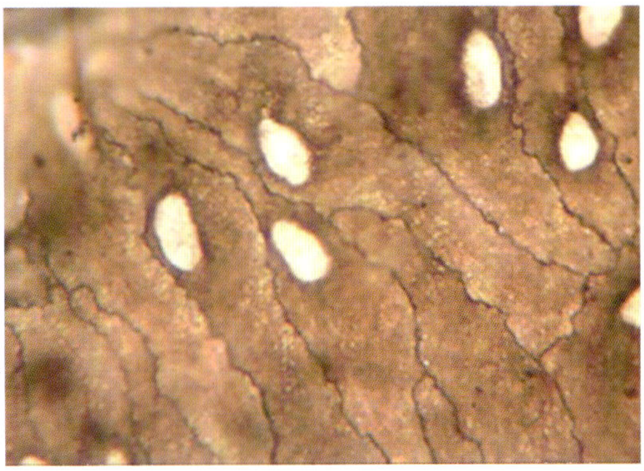

彩图 **13-2**　单层扁平上皮（高倍）

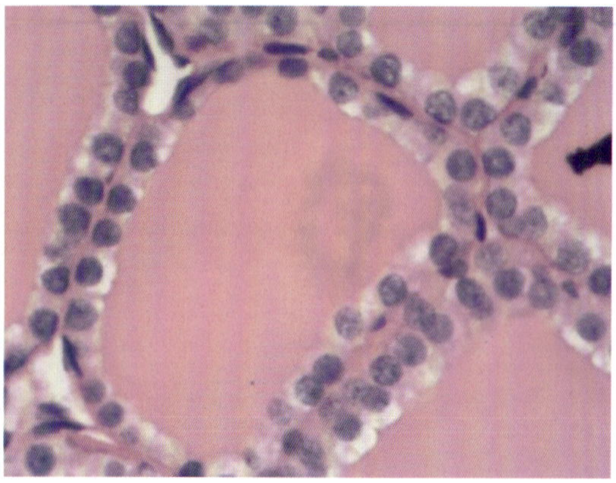

彩图 **13-3**　单层立方上皮

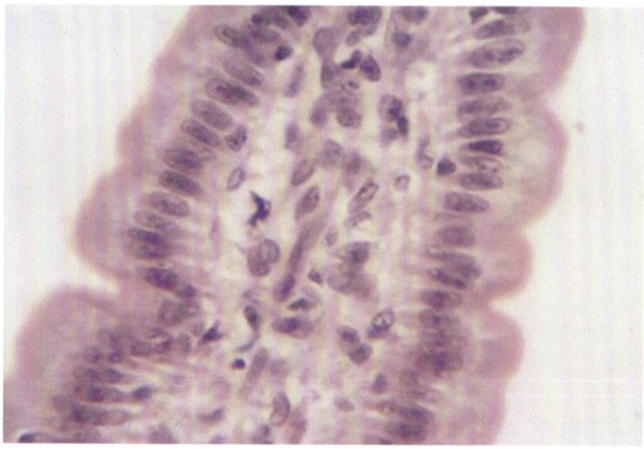

彩图 **13-4**　单层柱状上皮

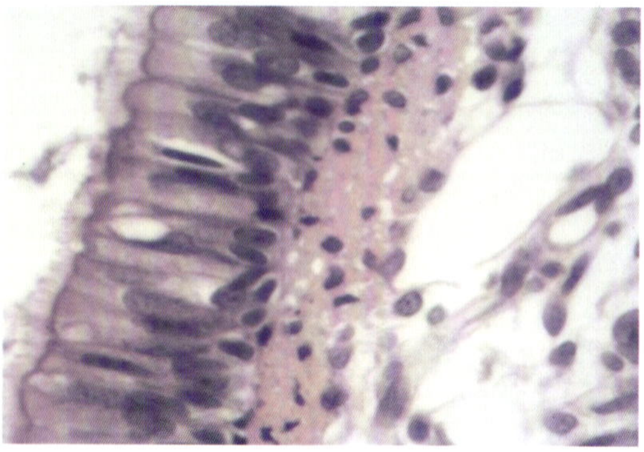

彩图 **13-5**　假复层纤毛柱状上皮

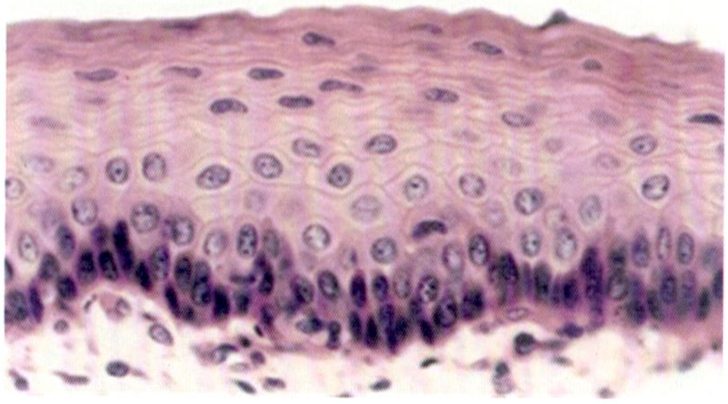

彩图 **13-6**　复层扁平上皮（未角化）

彩图 **13-7**　复层扁平上皮（角化）

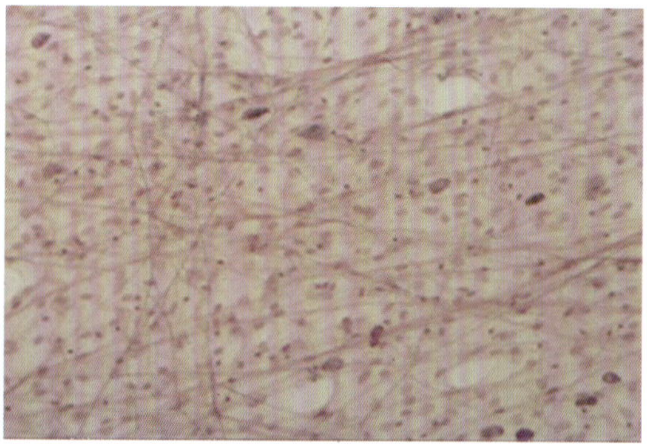

彩图 **14-1**　结缔组织（低倍）

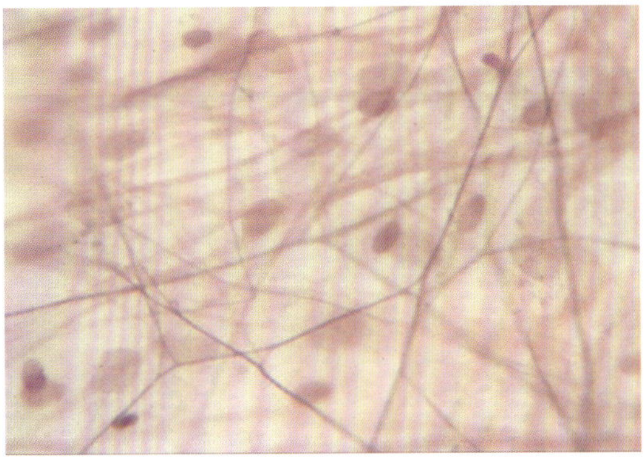

彩图 14-2 结缔组织（高倍）

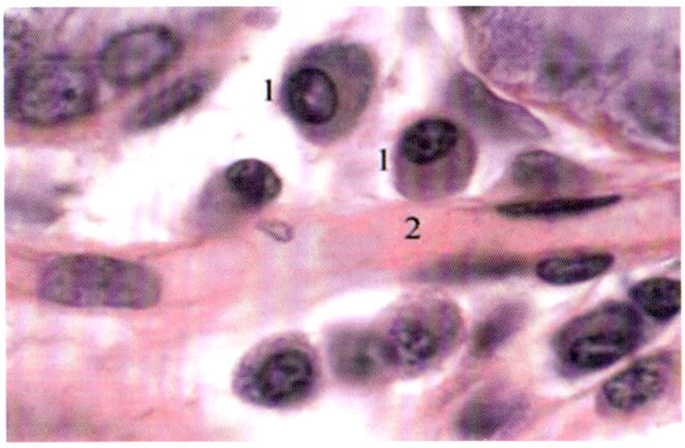

彩图 14-3 巨噬细胞

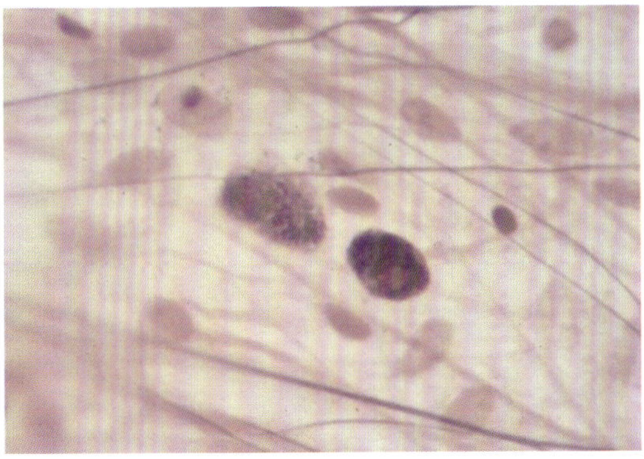

彩图 14-4 肥大细胞

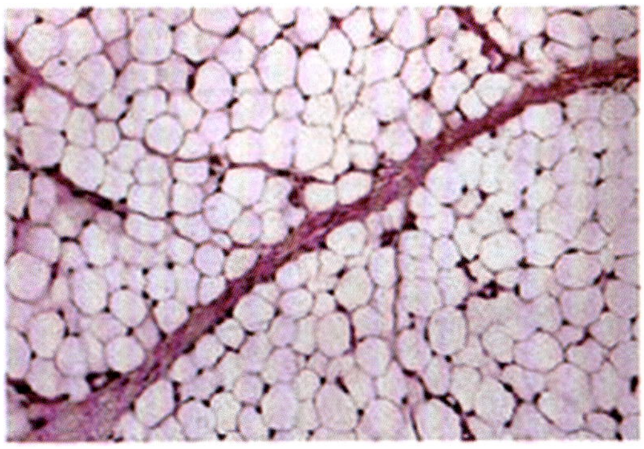

彩图 14-5 脂肪细胞

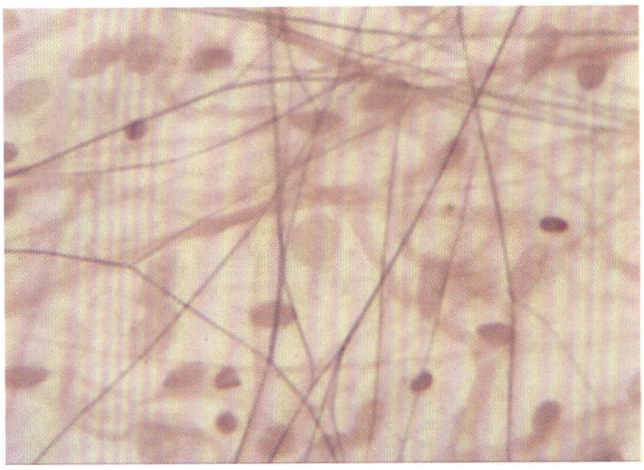

彩图 14-6 胶原与弹性纤维

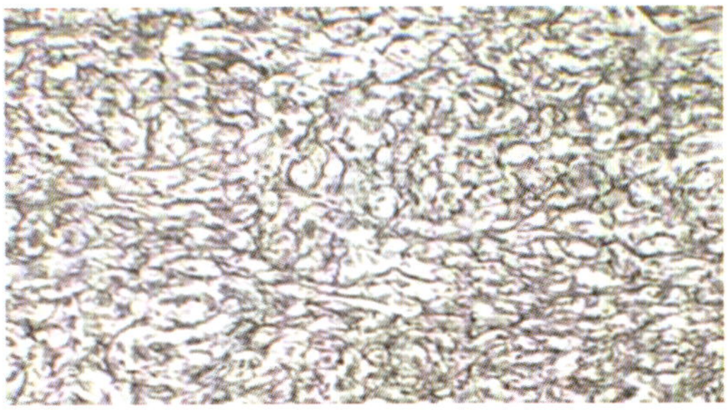

彩图 14-7 网状纤维

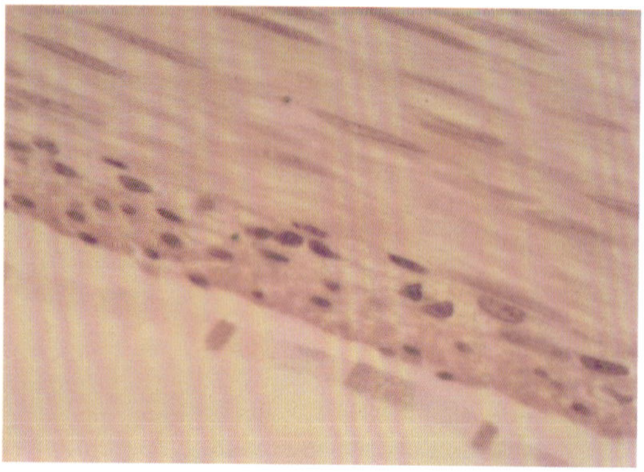

彩图 16-10　平滑肌细胞（高倍）

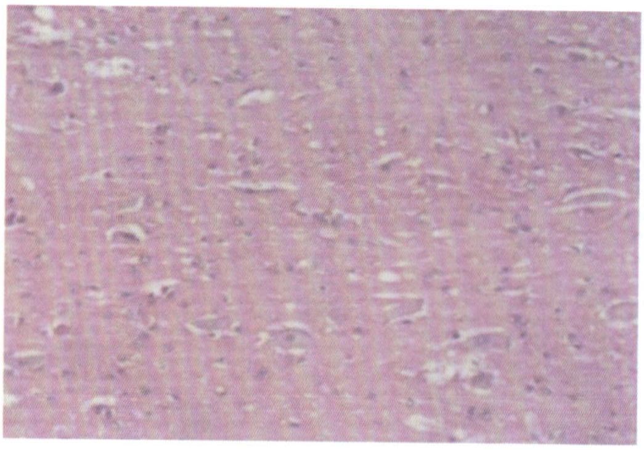

彩图 16-11　神经元（低倍）

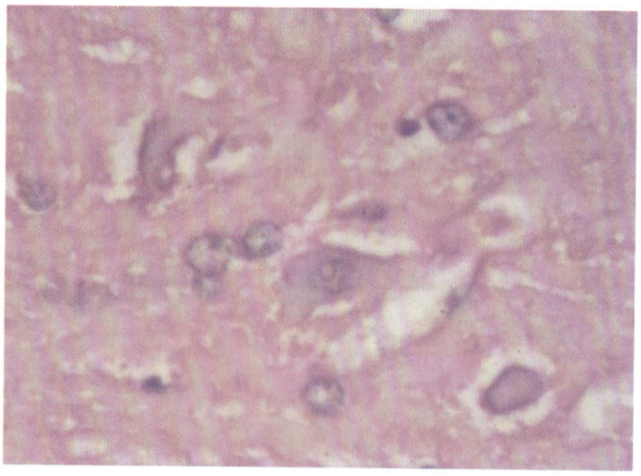

彩图 16-12　神经元（高倍）

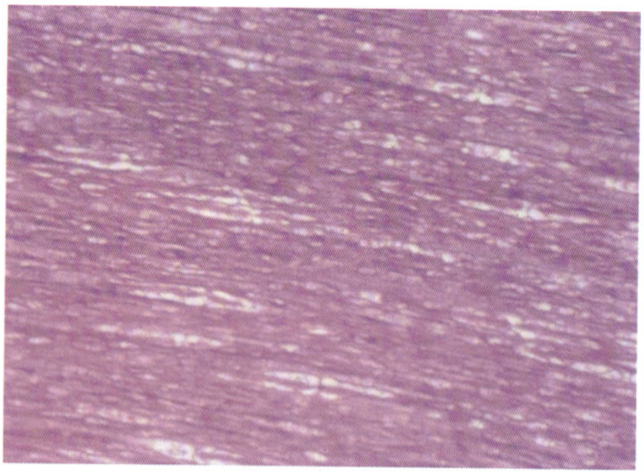

彩图 16-13　神经纤维

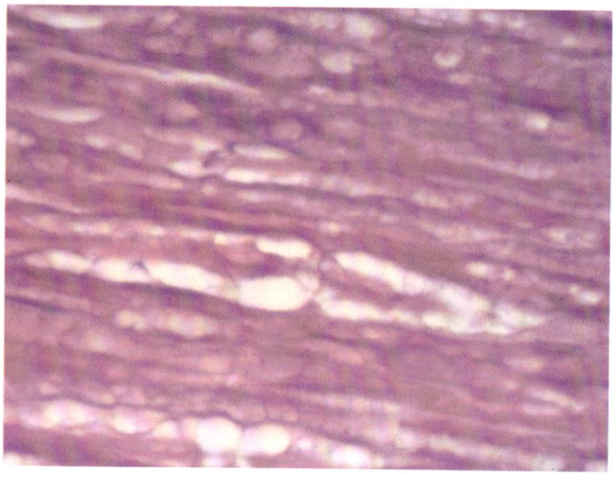

彩图 16-14　郎飞结

彩图 16-15　运动终板

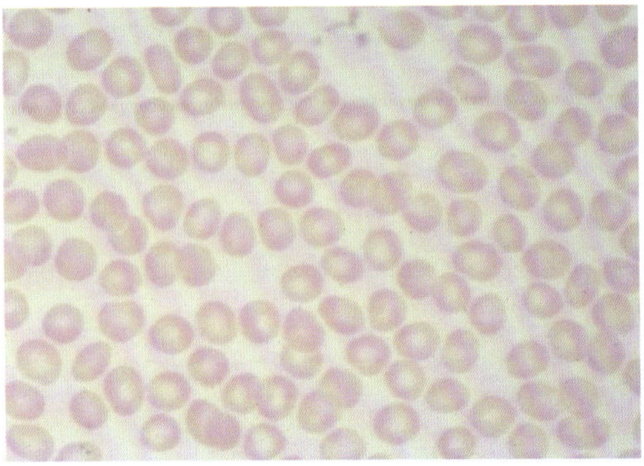

彩图 **17-1** 红细胞

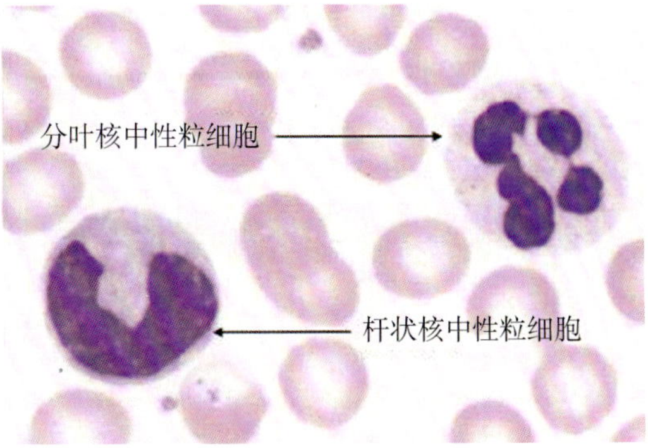

彩图 **17-2** 中性粒细胞

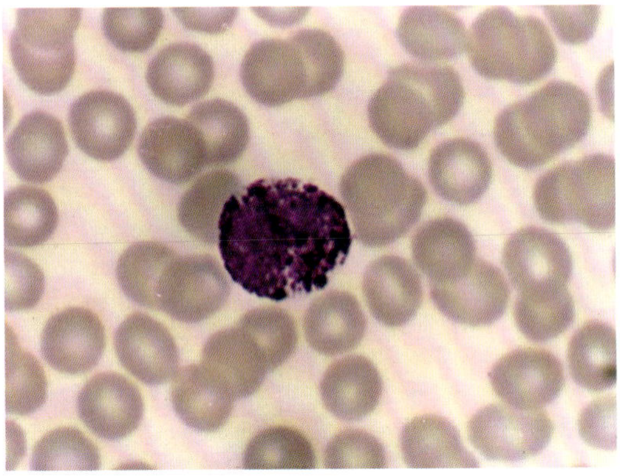

彩图 **17-3** 嗜碱性粒细胞

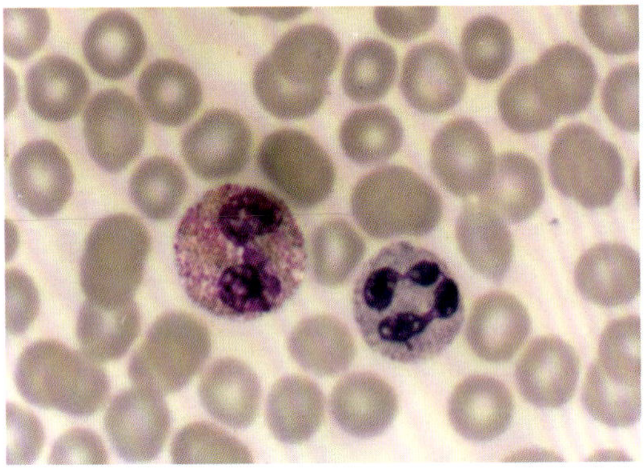

彩图 **17-4** 嗜酸性粒细胞

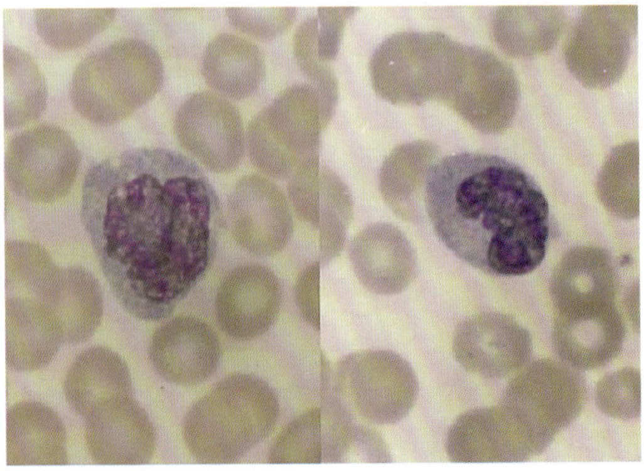

彩图 **17-5** 单核细胞

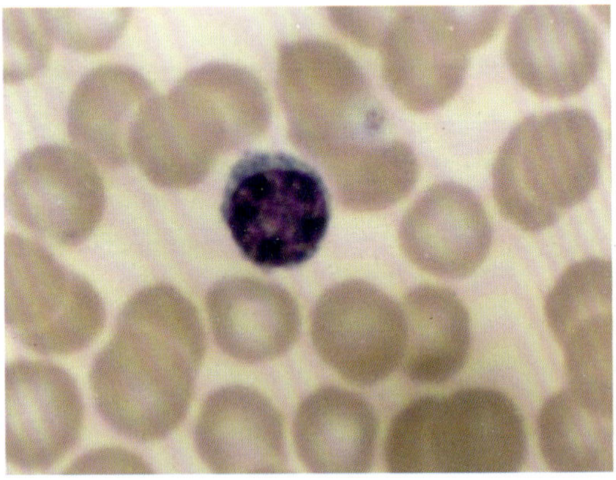

彩图 **17-6** 淋巴细胞

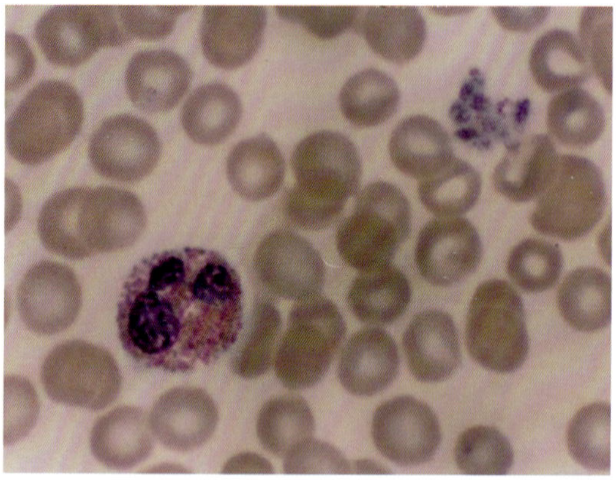

彩图 **17-7**　血小板

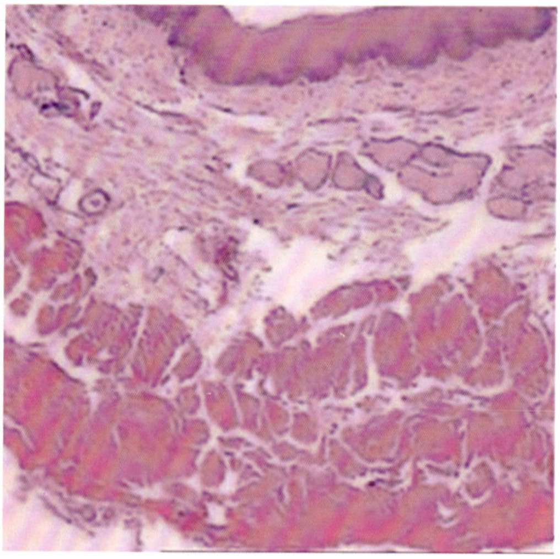

彩图 **18-1**　消化管壁一般结构

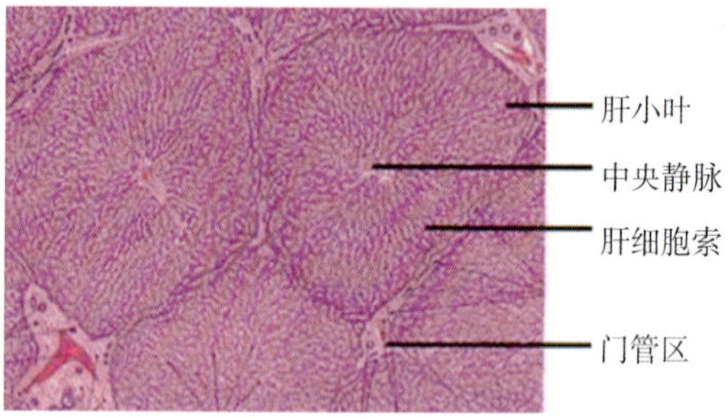

彩图 **18-2**　肝小叶

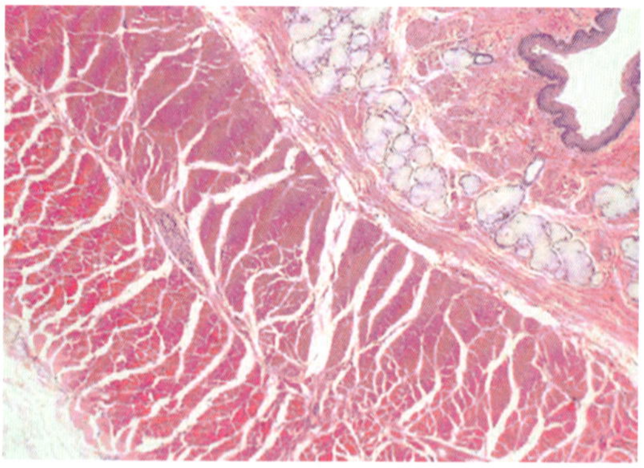

彩图 **18-3**　食管

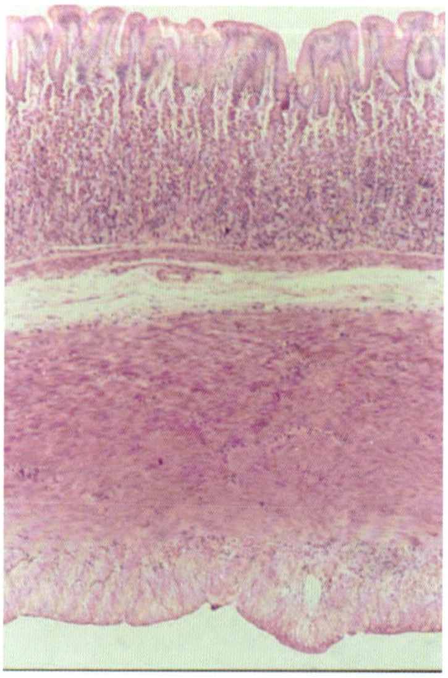

彩图 **18-4**　胃

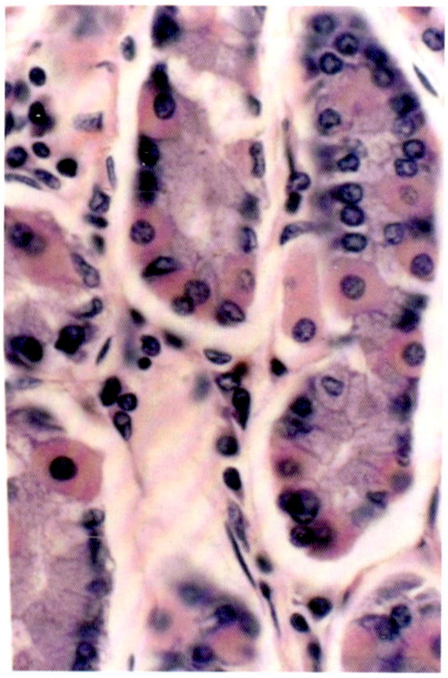

彩图 **18-5**　胃底腺细胞

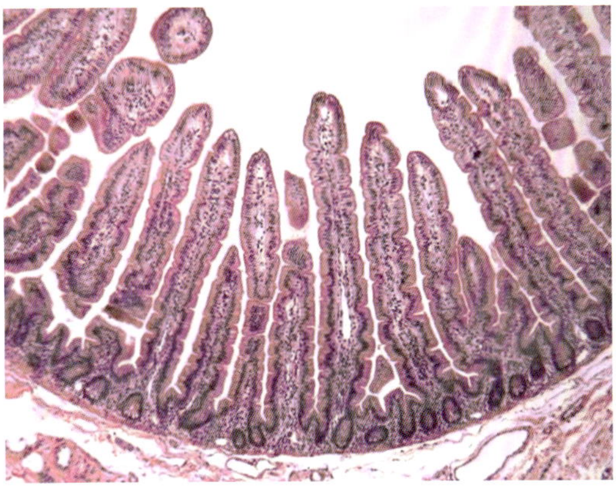

彩图 **18-6**　小肠绒毛

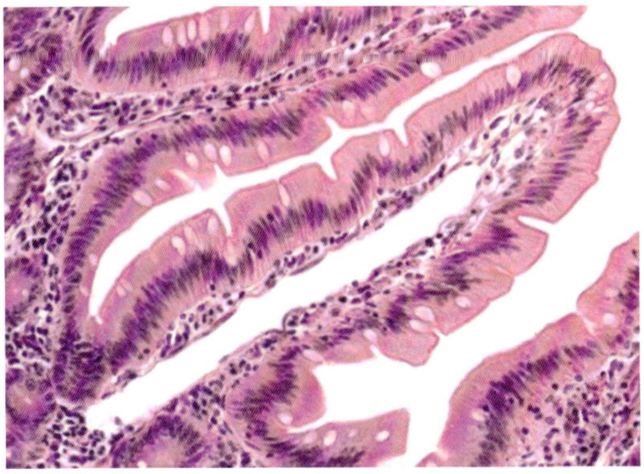

彩图 **18-7**　中央乳糜管

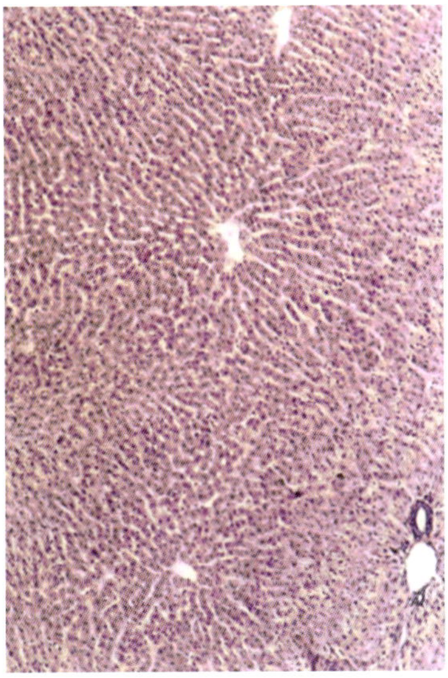

彩图 **18-8**　肝

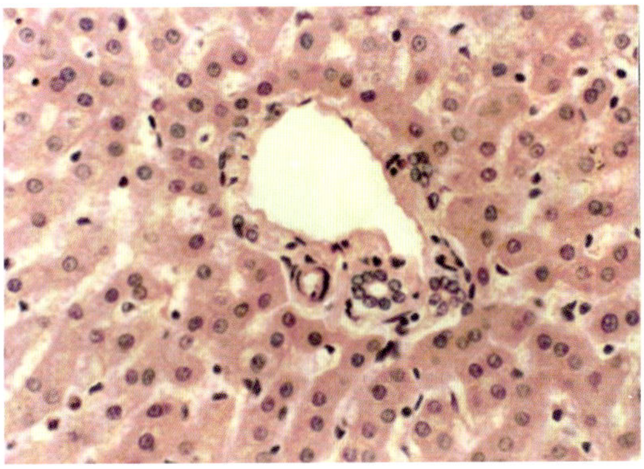

彩图 **18-9**　门管区

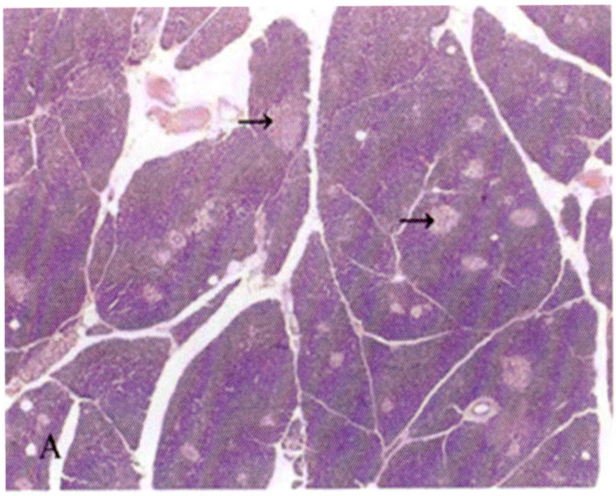

彩图 **18-10**　胰腺

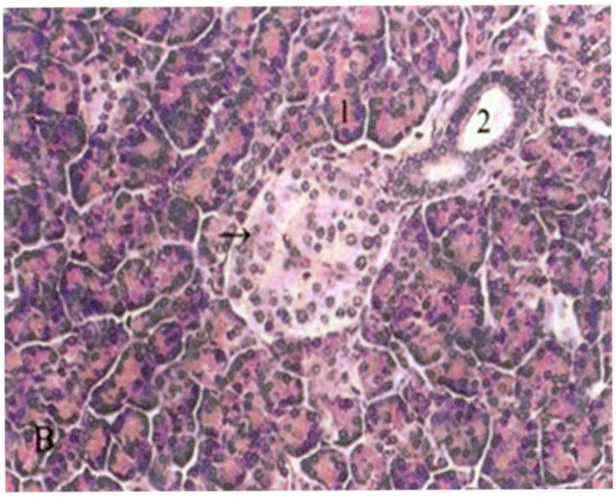

彩图 **18-11**　胰岛

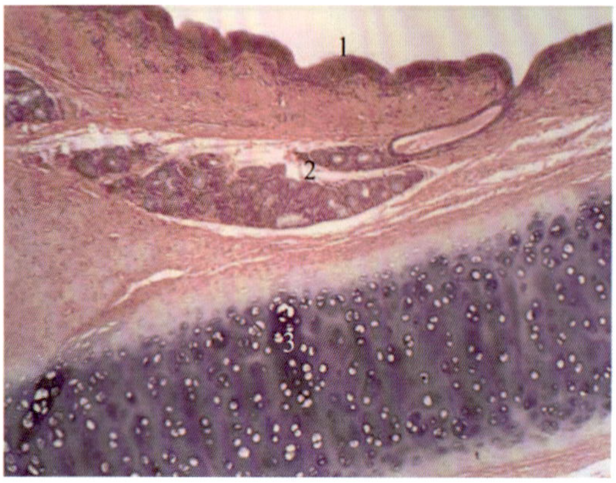

彩图 **19-1**　气管

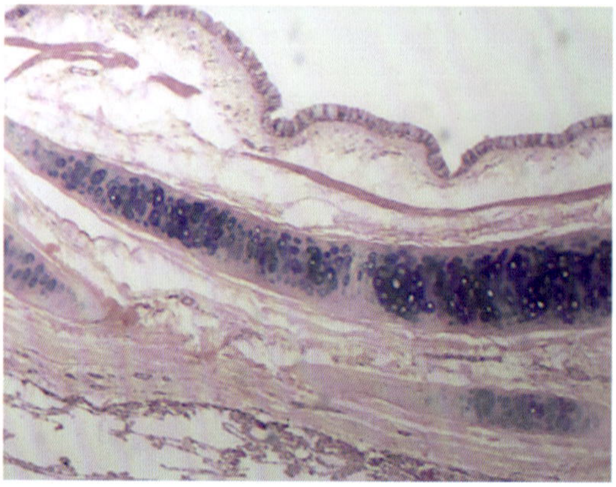

彩图 **19-2**　气管（低倍）

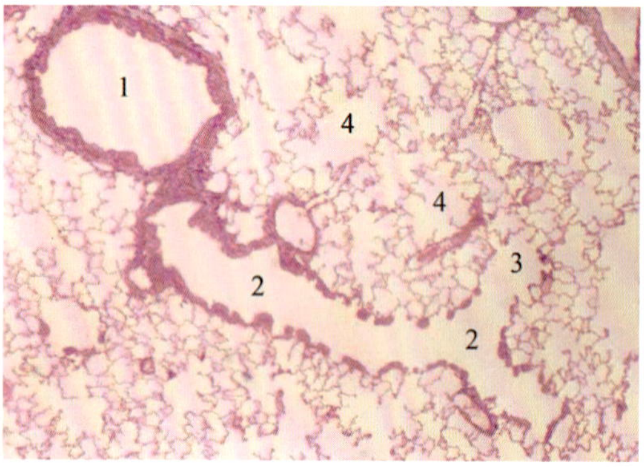

彩图 **19-3**　肺

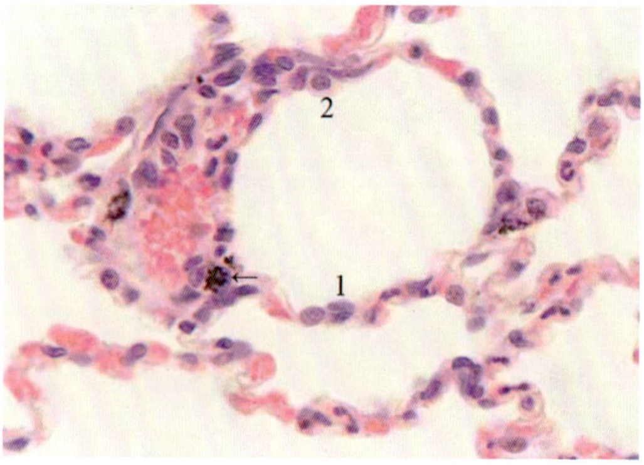

彩图 **19-4**　Ⅰ型和Ⅱ型肺泡上皮细胞

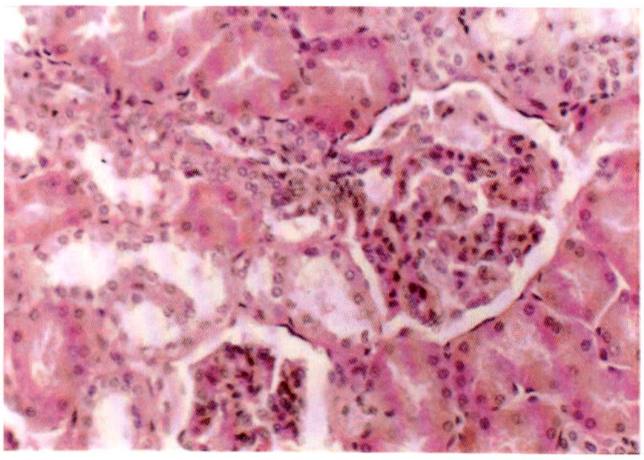

彩图 **20-1**　肾小球

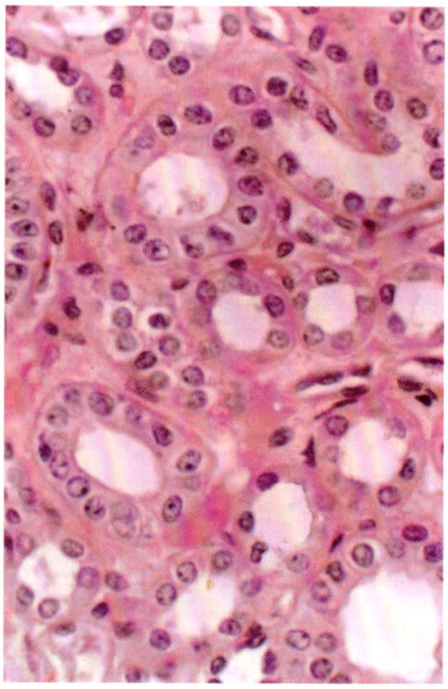

彩图 **20-2**　肾小管

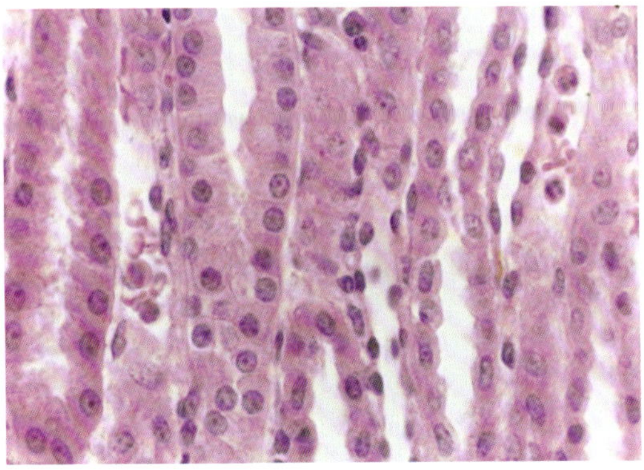

彩图 **20-3** 集合管

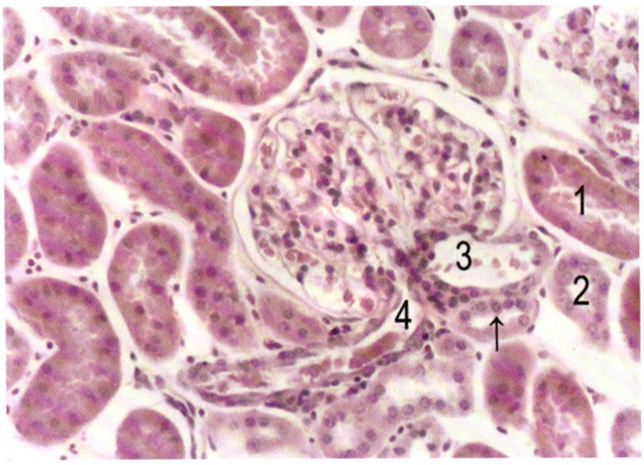

彩图 **20-4** 球旁复合体

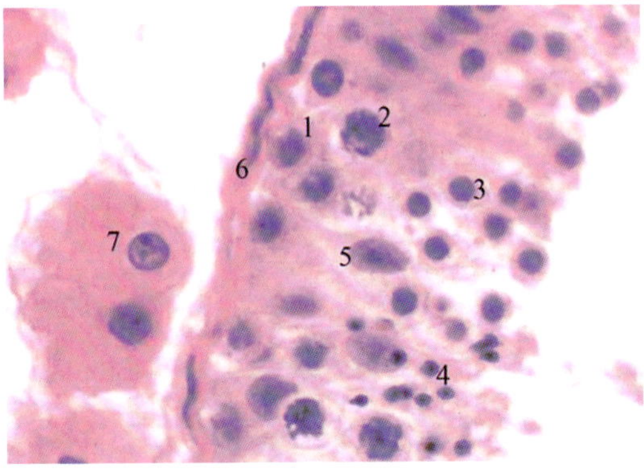

彩图 **20-5** 睾丸

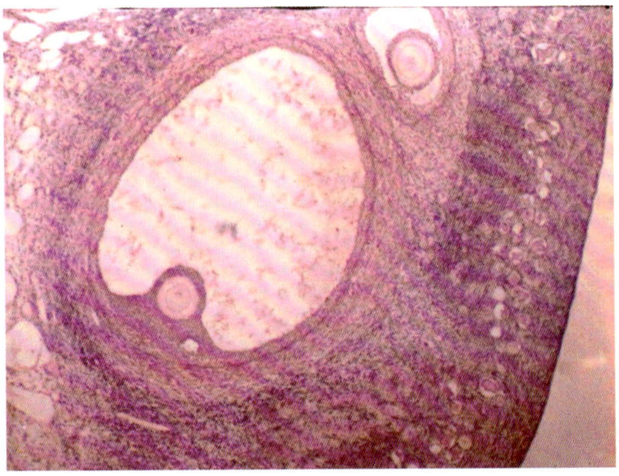

彩图 **20-6** 卵巢

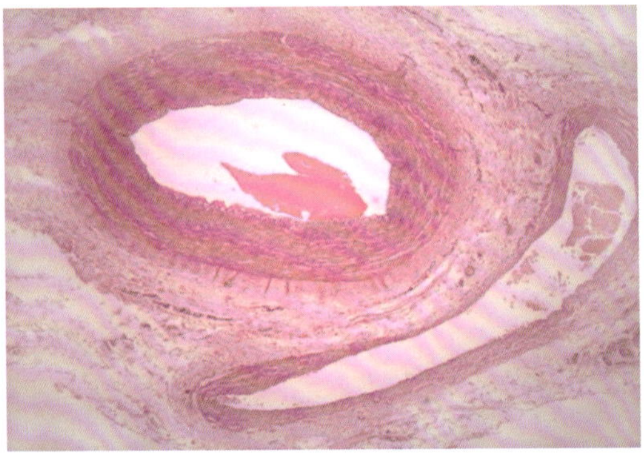

彩图 **21-1** 中动、静脉（低倍）

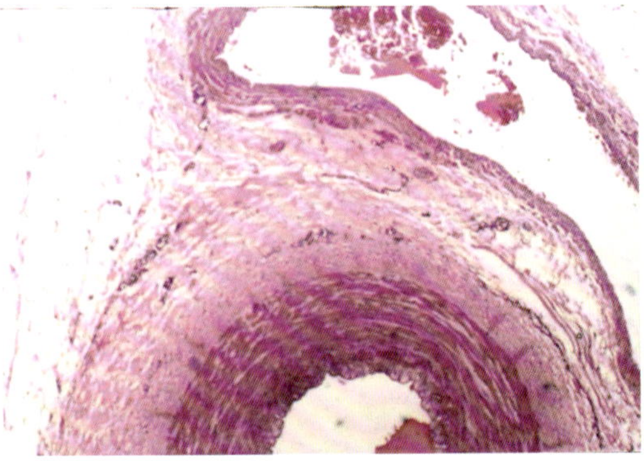

彩图 **21-2** 中动、静脉（高倍）

附录二　典型病理变化彩图

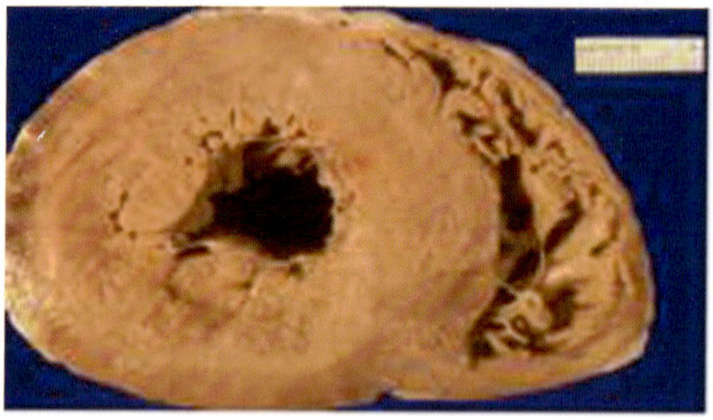

彩图 22-1　心肌肥大

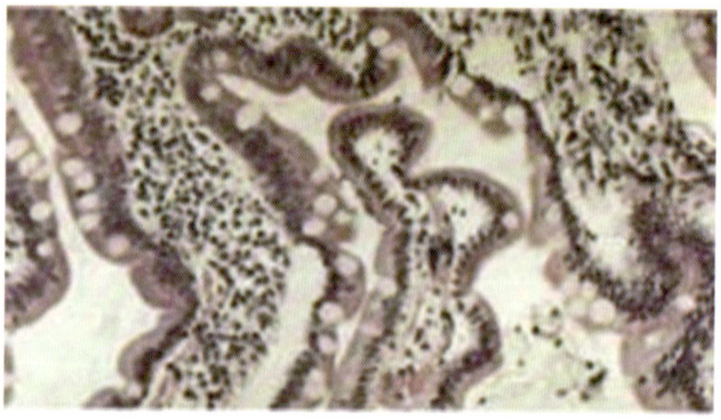

彩图 22-2　胃黏膜肠上皮化生

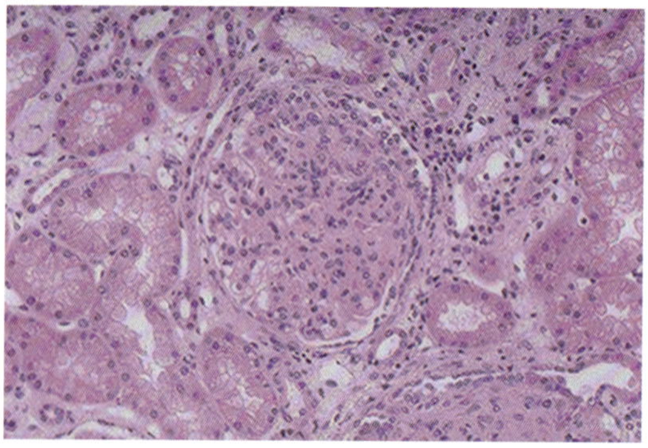

彩图 22-3　肾小管上皮细胞水肿

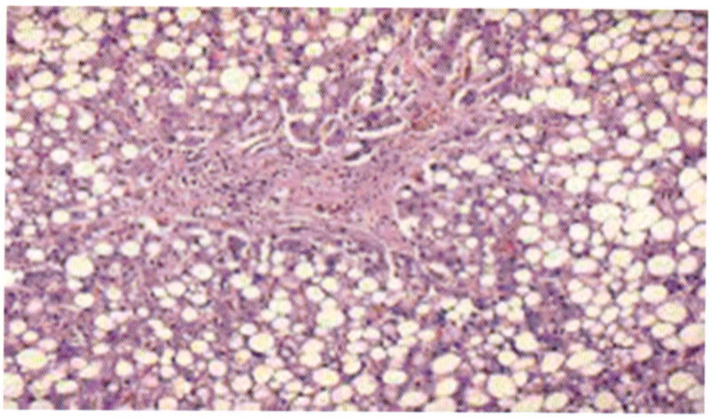

彩图 22-4　肝细胞脂肪变性

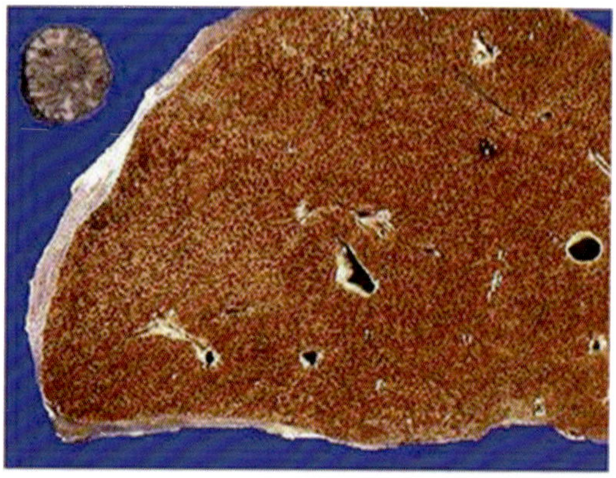

彩图 23-1　慢性肝淤血（大体）

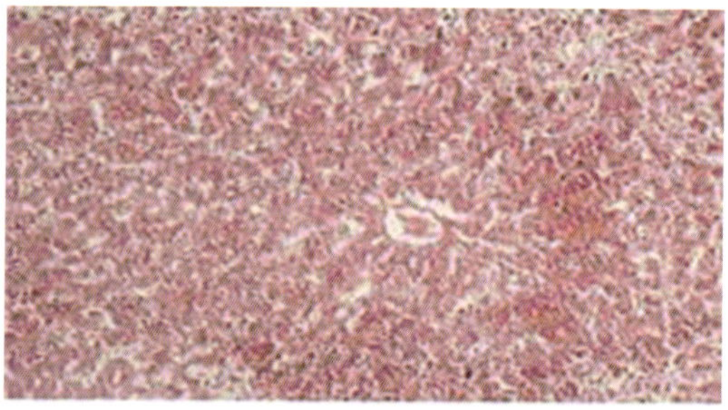

彩图 23-2　慢性肝淤血（镜下）

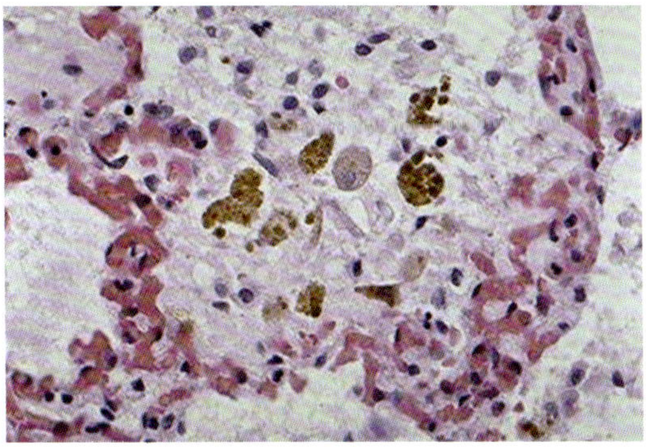

彩图 **23-3** 慢性肺淤血（镜下）

彩图 **23-4** 肾贫血性梗死（大体）

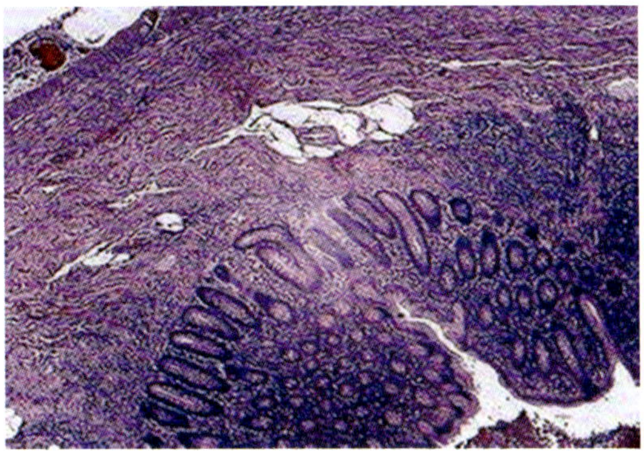

彩图 **24-1** 急性化脓性阑尾炎

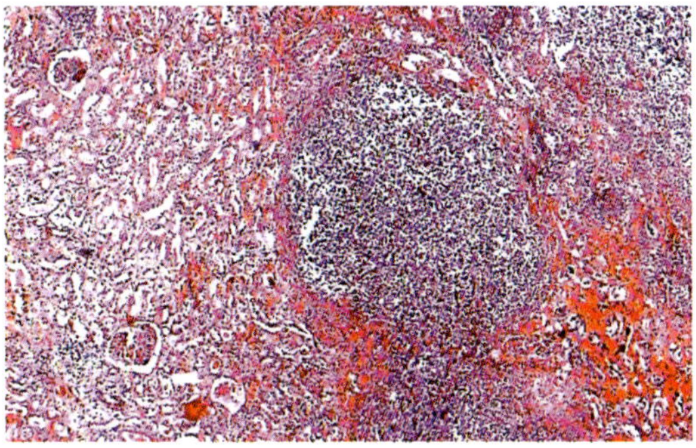

彩图 **24-2** 肾脓肿

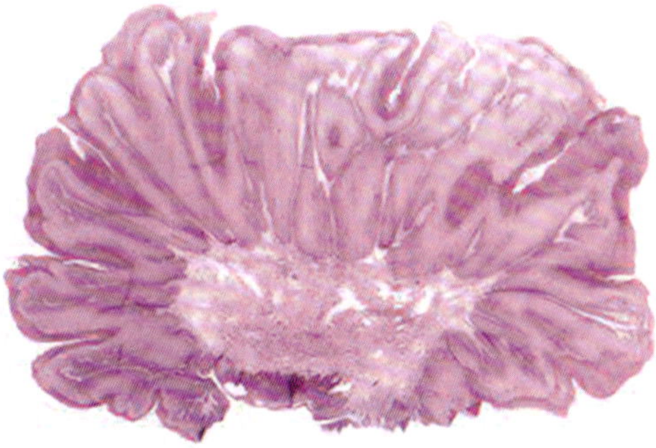

彩图 **25-1** 皮肤乳头状瘤

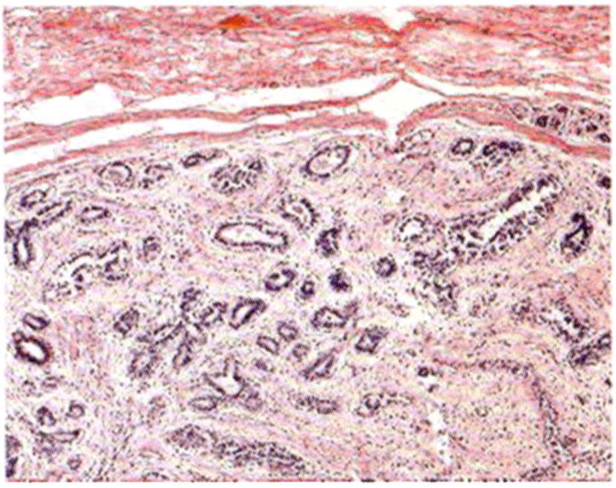

彩图 **25-2** 乳腺纤维腺瘤

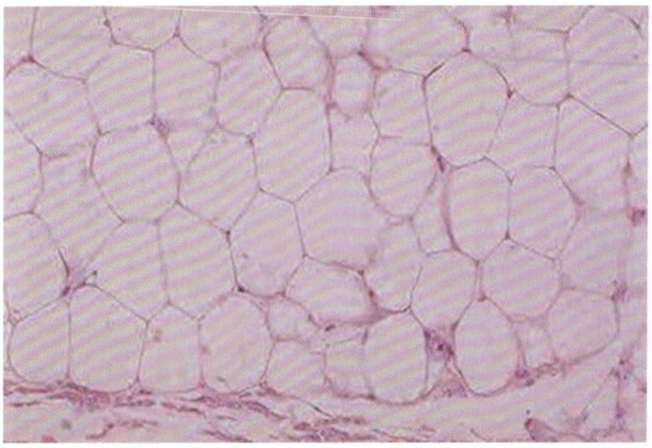

彩图 **25-3** 脂肪瘤

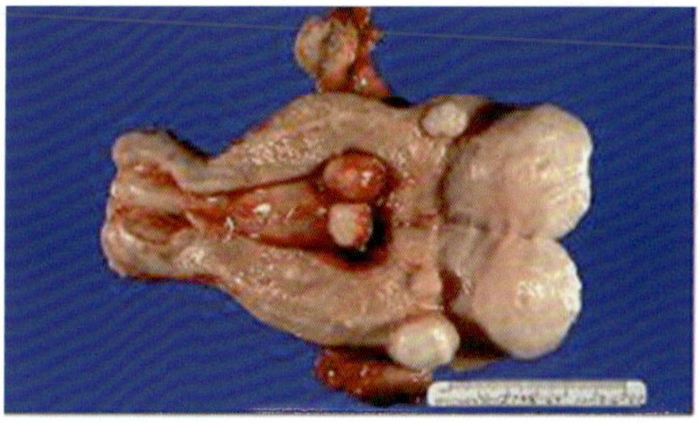

彩图 **25-4** 子宫平滑肌瘤（大体）

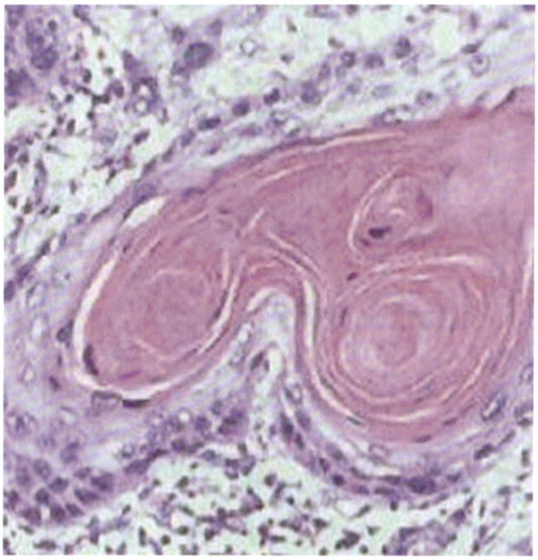

彩图 **25-5** 皮肤鳞状细胞癌

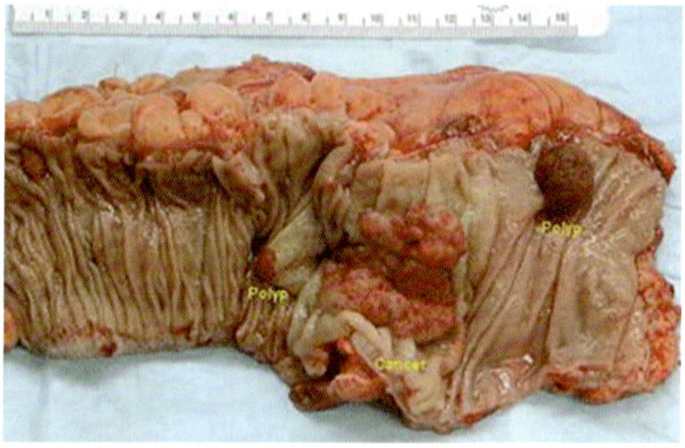

彩图 **25-6** 肠癌

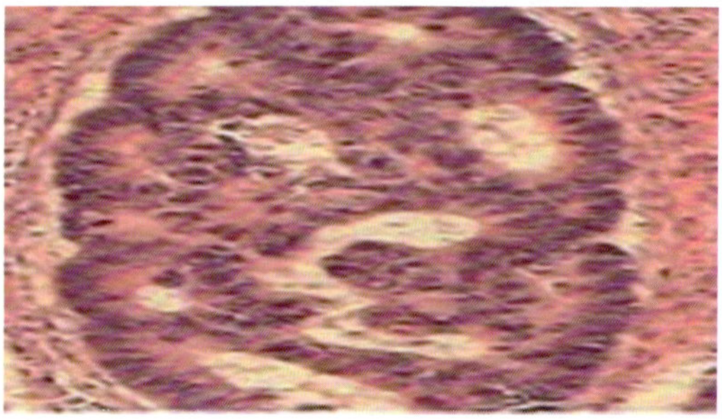

彩图 **25-7** 肠腺癌

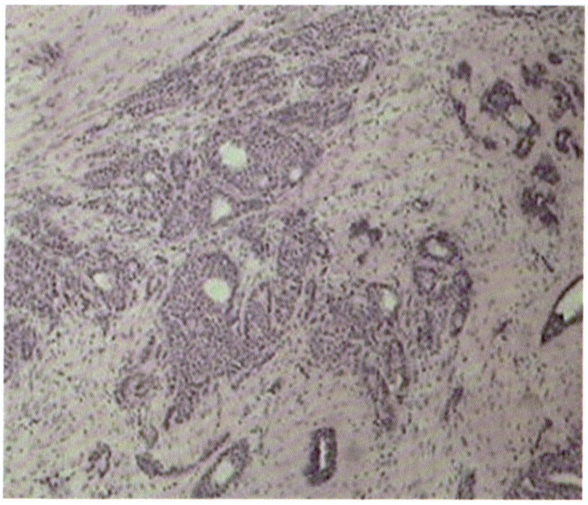

彩图 **25-8** 乳腺癌

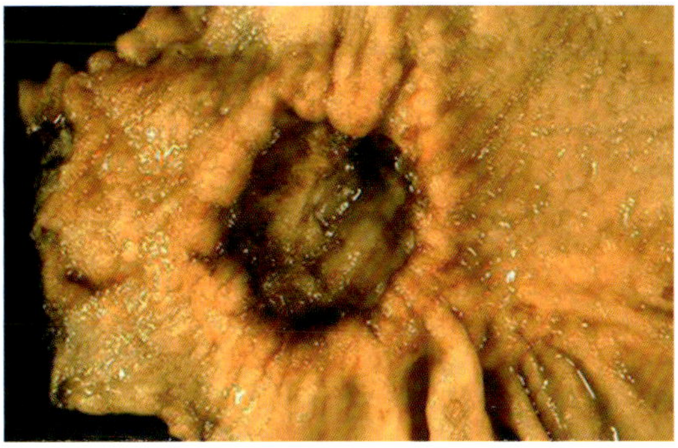

彩图 25-9 胃癌

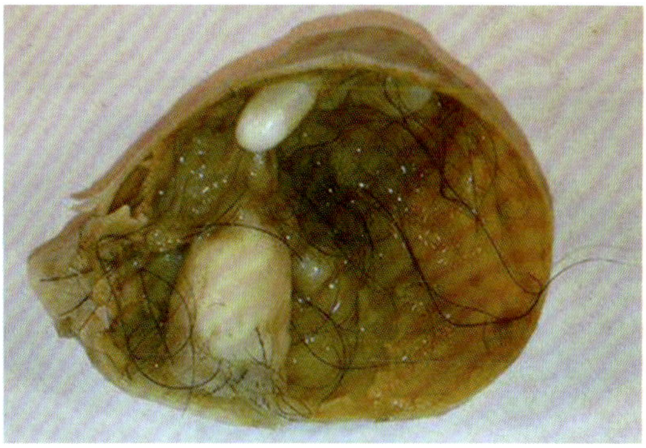

彩图 25-10 畸胎瘤

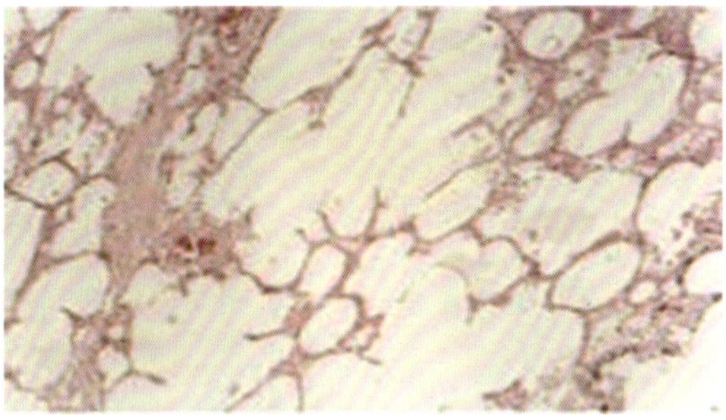

彩图 26-1 肺气肿

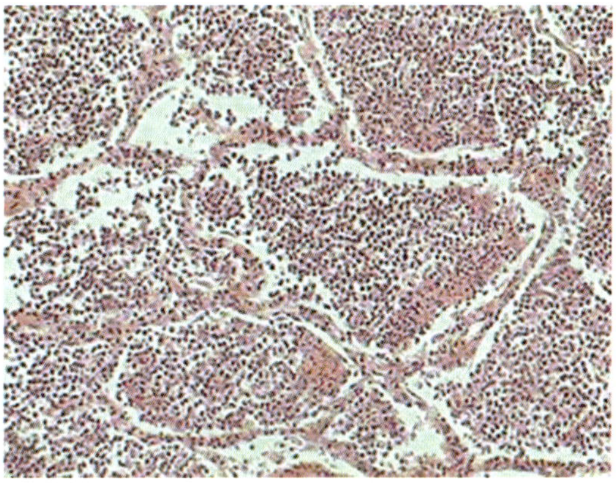

彩图 26-2 大叶性肺炎(灰色肝样变期)

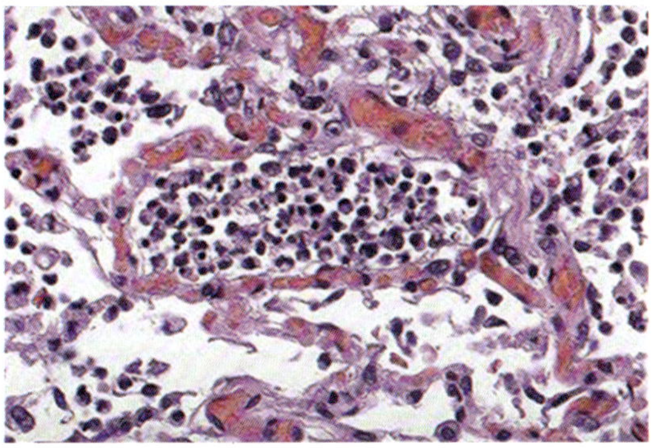

彩图 26-3 小叶性肺炎

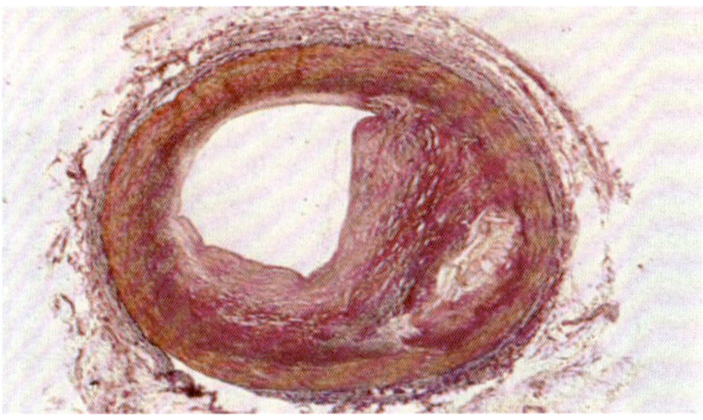

彩图 27-1 冠状动脉粥样硬化

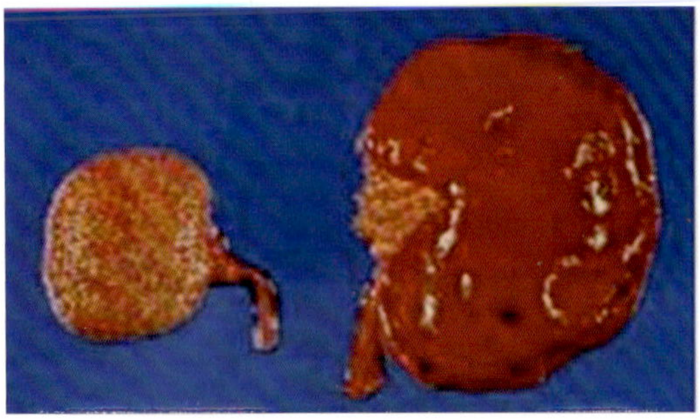

彩图 27-2　原发性颗粒固缩肾与正常肾

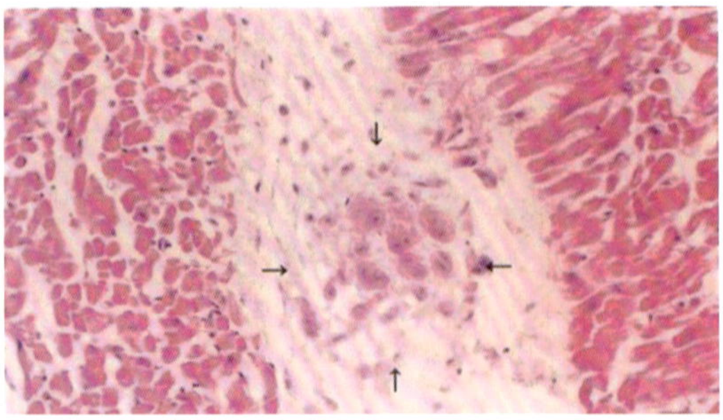

彩图 27-3　风湿小体

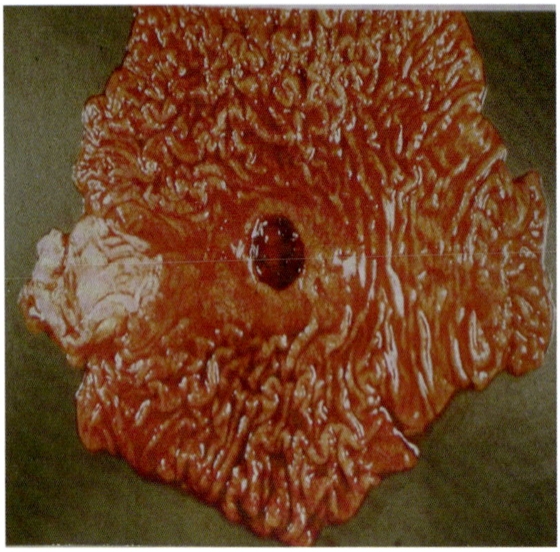

彩图 28-1　胃溃疡（大体）

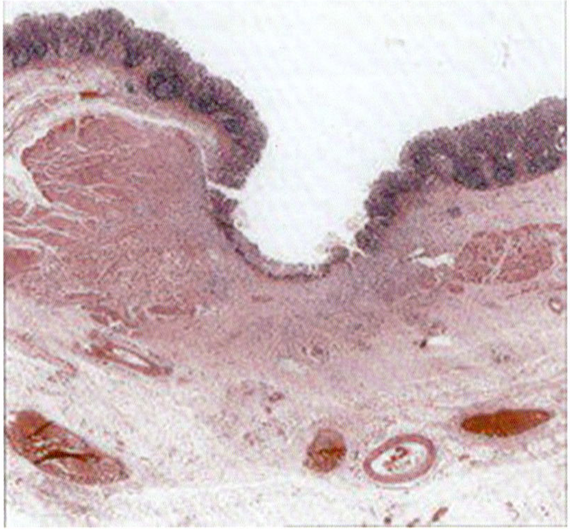

彩图 28-2　胃溃疡（镜下）

彩图 28-3 肝硬化（大体）

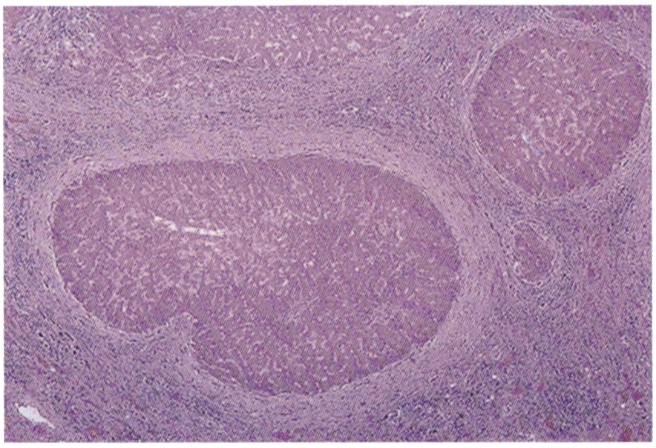

彩图 28-4　肝硬化假小叶形成

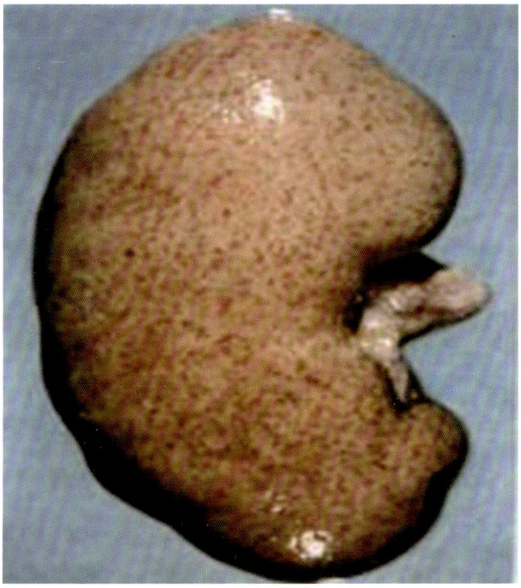

彩图 **29-1** 急性弥漫性增生性肾小球肾炎

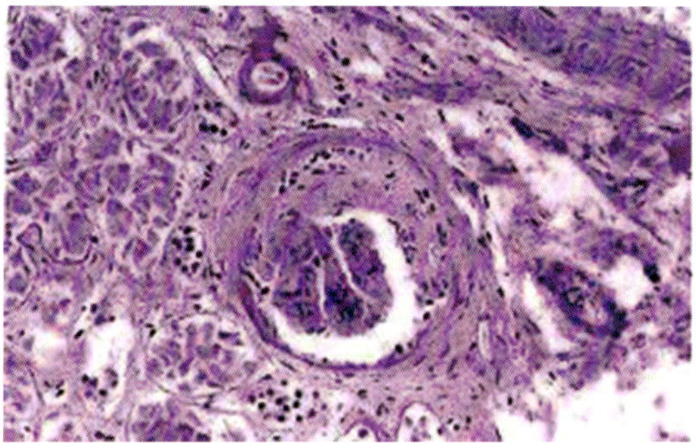

彩图 **29-2** 新月体性肾小球肾炎

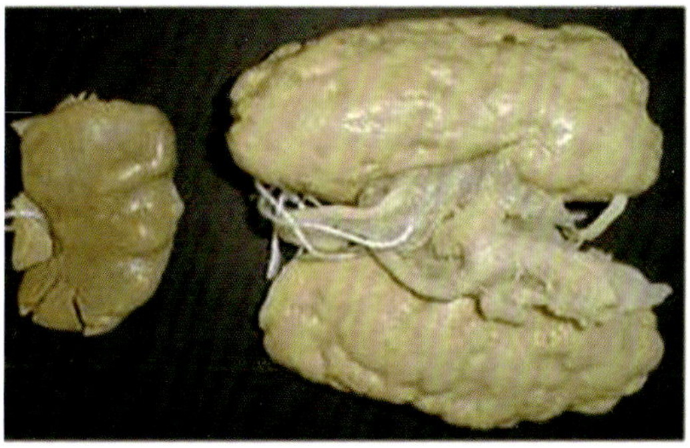

彩图 **29-3** 慢性肾盂肾炎

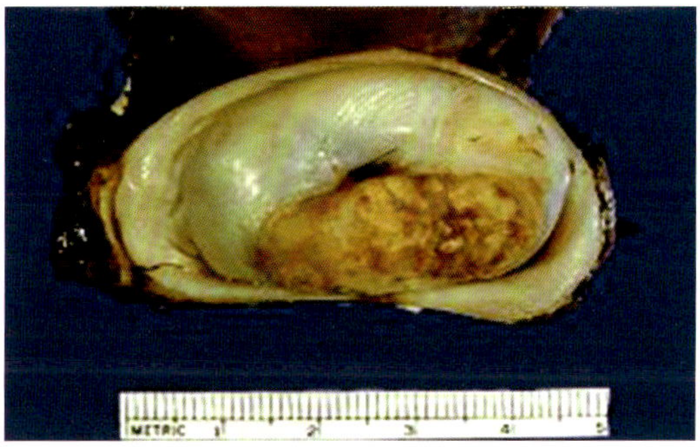

彩图 **30-1** 宫颈癌

彩图 **30-2** 葡萄胎（大体）

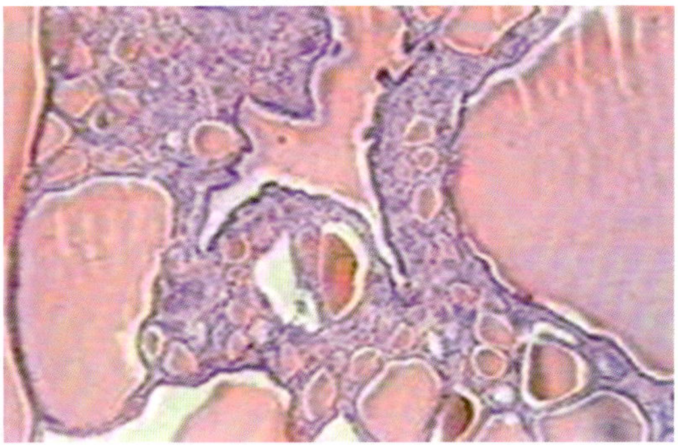

彩图 **31-1** 结节性甲状腺肿